태도에 관하여

태도에 관하여
나를 살아가게 하는 가치들
임경선 산문

들어가는 글
— '어떻게'를 대답하다

돌이켜보면 커오면서 부모님으로부터 잔소리나 설교를 들어본 적이 한 번도 없었다. 부모님은 진로나 교제 문제에 대해서도 개입을 하지 않았다. 어린 시절, 사소한 것부터 중대한 결정에 이르기까지 선택은 나의 몫이었고 실천과 책임은 그에 따른 당연한 의무였다. 부모님은 자식의 자율성과 창의성 배양을 위해 일부러 그랬다기보다 그저 자신들의 삶에 더 집중했던 것 같다. 그런 환경에서 성장하다 보니 나는 남의 말을 잘 듣지 않는 어른으로 컸고 나 또한 남에게 이래라저래라 하지 않았다.

인생이라는 것은 어디로 튈지 몰라, 그런 사람이었던 내가 소설과 에세이를 쓰는 작가의 일상 한편에서 10년 넘게 신문과 라디오 그리고 네이버 오디오클립을 통해 인생 상담을 하게 되었다. 일견 나라는 사람과 모순되어 보이는 일이었지만, 대신 내가 상대의 입장이라면 원치 않을 것들은 철저히 배제하기로 다짐했다. 감정이입을 과잉으로 하거나, 현실을 왜곡하면서 위로하거나, 정신 승리로 대충 넘어가거나, '난 이렇게 했는데 넌 왜 못 하니'라고 나무라거나, 애매한 낙관론으로 희망을 주는 일만은 피했다. 불완전한 내가 할 수 있던 것은 그저 녹록지 않은 현실을 있는 그대로 바라보게 하고, '옳은 말'보다는 누가 뭐라고 손가락질한들 나의 솔직한 생각을 말하는 것뿐이었다. '위험한 정답'을 내어주는 것이 아니라 스스로 문제를 풀 수 있도록 자극을 주는 역할을 하는 것이 그나마 최선의 개입이라고 생각했다. 어차피 우리는 정답이 존재하는 세상을 살아가지 않으니 혼란 속에서 중심을 잡고 자신이 내린 답을 믿고 나아갈 뿐이다. 슬픈 얘기지만 근본적으로는 그 누구도 인생을 대신 살아줄 수 없다. 내 인생은 내가 알아서 생각하고 판단하고 선택해서 행동하고 책임지는 것이다. 그 누구도 탓하지 못한다.

오랜 시간 타인의 인생 문제를 생각하는 일은 '나'를 돕기도 했다. 그들이 고민하는 문제들은 나 역시도 피해

가기 어려운 인생의 화두이기에. 그렇게 그동안 상담했던 내용들을 기록한 방대한 양의 원고들을 검토하면서 새삼스럽게 깨달았다.

'결국 나는 살아가는 태도에 대해 간절히 말하고 싶었던 거구나.'

'태도attitude'란 '어떻게how'라는 살아가는 방식과 가치관의 문제로, 그 사람을 가장 그 사람답게 만드는 고유 자산이다. 나는 그 모든 사유와 경험을 통해 내가 삶에서 가장 중요하다고 여기는 다섯 가지 태도들—자발성, 관대함, 성실함, 정직함, 공정함—을 사람들과 공유하고 그 태도들의 틀 안에서 개별적인 문제들을 이해하고 접근하고 싶었다.

건조한 성격으로 타고나서 '행복하자'라는 말이나 '하면 된다'는 말을 잘 믿지 않는다. 행복이라는 감정은 '찰나'라고 생각하고, 하면 된다는 말보다 '최선을 다해보고 운이 따라준다면 어쩌면 될 수도 있겠다'라는 말이 보다 현실을 반영한다고 생각한다. 인생은 근본적으로 지루하고 우울하다고 생각하는 비관적 현실주의자인지라 아무리 애를 써도 인생을 살아간다는 것은 애초부터 지는 싸움이라고 생각한다. 하지만 원래 우울한 인생이라고 해서 그냥 놔둘 수도 없다. 이때 필요한 것이 자신이 마음속 깊이 신뢰하는 삶의 태도일 것이다. 알맹이 없는 긍정이나 낙관이 아니라, 냉철한 현실감각과 공정한 비관 위에서 시작되는 어떤 결기. 일관된 삶의 태도를 유지하면서, 무언가에 몰두하며 살아갈 수 있다면, 나는 그것이 인생의 방황을 줄여주고 공허함을 최소화시킬 방법이라고 보았다.

인생 전반에 임하는 태도는 자발적으로, 사랑은 관대하게, 일은 성실하게, 관계는 정직하게, 사안은 공정하게. 진부하게 들릴 수도 있지만, 내게는 인생을 보다 나답게 살게 해준 태도들이었다.

몇 살이 되었든, 지금 있는 자리에서 더 나아지려고 노력할 수 있었으면 한다. 노력이라는 행위에는 필연적으로 고통이 따르겠지만 그 고통을 통해 배울 수 있는 사람이었으면 한다. 간단히 결론 나지 않는 문제들에 대해서는 서둘러 결론을 내려고 하는 대신 그 문제에 대해 충분히 시간을 들여 생각해볼 수 있는 인내심을 가지기를 바란다. 또한 어느 쪽을 선택하든 잃는 것이 반드시 있음을 기꺼이 받아들이는 아량이 있었으면 좋겠다. 살아가는 태도들에 대한 글을 쓰면서 내가 나 자신과 기쁘게 맺은 약속들이다.

들어가는 글
— '어떻게'를 대답하다 5

1부 자발성

생각의 순간 16
내가 현재 살고 있지 않은 인생 22
사람이 일하는 곳 그 어디라도 28
영감이 떠오르든 말든 34
연애에 바라는 것 40
행복과 욕망 46

2부 관대함

기꺼이 상처받을 것 56
나의 사랑만은 특별하니까 66
같은 불완전한 인간 74
네가 내 곁을 떠난다 해도 인생은 계속될지도 몰라 80
현실 생활에서의 평등 88
누구나 처음엔 낯선 사람 100
목수와의 하루 108

3부 정직함

인간관계 마주하기	118
우리는 사랑일까 현실일까	128
몸이 그대를 거부하면 몸을 초월하라	134
한결같은 사람들	140
그 일은 아름다운가	150
단체 사진 모서리에 서기	154
비등단 작가의 어떤 고백	162

4부 성실함

루틴의 의미	180
과거가 현재를 지탱한다	188
나를 쉽게 위로하지 않을 것	198
실패에 대처하는 방식	206
남과 다른 목소리	210
휴식의 어려움	218

5부   공정함

나를 존중하기	228
타인과의 비교	236
복잡한 미움이 가르쳐주는 것	242
부당함에 저항하기	248
관계의 페어플레이	256
리더가 되었다면	266
어떤 좌절감	274

6부   보태고 싶은 글

현실 생활에서의 평등, 그 이후   286

마치 공기처럼   298
― 와세다대학 국제문학관 〈무라카미 하루키 라이브러리〉 기고

내가 사랑 이야기를 쓰는 이유   308
―〈세상을 바꾸는 시간, 15분〉 강연록

슬픔의 공동체   320

나가는 글
― 작가는 자신의 대표작을 고를 수 없다   347

'하지 않으면 아무것도
시작되지 않는다'

_____

자발성

1부

생각의 순간

흔히들 자신이 무엇을 진심으로 원하는지 알려면 자기 자신과 깊은 대화를 나누라고 한다. 나의 육체는 항상 나와 함께하기에 대화를 나누는 것은 언제라도 가능하다. 바로 그 점 때문에 스스로를 소외시키며 내 안에 담긴 생각은 화석처럼 굳어 있다. 나의 생각을 끄집어내거나 마주하는 일은 어색하고 부끄럽다. 그래서 책에서 발견한 좋은 글귀를 옮겨 써보기도 하고 자극을 받기 위해 강연을 들으러 가기도 한다. 조금 더 투자한다면 홀로 멀리 여행을 떠날 수도 있겠다. 몰랐던 진심을 낯선 환경에서는 알 수 있을 것만 같다.

20대 후반, 지치기 쉬운 사회생활 7년 차였던 나는 다니던 회사를 그만둘 생각으로 그다음 인생행로를 결정하지 못한 채 '자아 발견'이라는 명분으로 8박 10일간의 긴 휴가를 냈다. 충분한 휴식을 갖고 앞으로 어떻게 살아갈지에 대한 깨달음을 얻어서 돌아와야지, 라며 일부러 한국인들이 잘 찾지 않는 리조트를 찾아냈다. 훌쩍 멀리 외국으로 여행을 떠나는 소설 속 여주인공의 감상을 덧입고 창가 자리에 앉아 좋아하는 음악을 듣고 움직이는 구름을 응시하며 폼을 잡았지만 막상 드는 생각이라고는 기내식 메뉴 A와 B 중 어떤 것을 고를까, 가 다였다. 해변의 고운 백사장을 걸으면서 마음속 울림에 귀 기울여보려 했지만 오만가지 소리를 내는 어린아이들과 그들을 목청껏 불러대는 부모들 탓에 분위기가 다 깨졌다. 책과 펜, 노트를 들고 리조트 내 바에서 술 한 잔을 마시며 나 자신과의 깊은 대화를 시도했건만 유럽에서 홀로 날아온 중년 남자들이 맞은편 자리에 앉아 자꾸 말을 걸며 괴롭혔다. 하필이면 느끼한 미소의 털 많은 영감들이 말이다.

식사 시간에는 주변에 죄다 커플이나 어린아이를 동반한 가족들. 아무리 강심장이라 해도 혼자임을 의식하지 않을 수가 없었다. 완전한 혼자가 되고자 이 멀리까지 왔는데 자신과의 대화는커녕 혼자인 것이 날이 갈수록 비참했다. 나는 인생에서 무엇을 원하나, 앞으로 어떻게 살아갈 것인가를 생각하려 해도 심오한 사유는커녕 허세와 치기로 이 멀리까지 와서 혼자 커다란 침대를 차지하고 누운 내 모습이 너무 청승맞게 느껴졌다. 지금 떠올려도 귓불까지 빨개진다. 내 마음이 말해주는 것은 오로지 '하루빨리 한국으로 돌아가고 싶다'뿐이었다.

세상에서 가장 물리적으로 가까이 있으면서 가장 알기 어려운 것이 나다. 이제부터 집중해 생각하자고 해서 바로 생각을 길어 올릴 수도 없다. 그 생각은 자칫 당시 분위기에 휘둘린 감상일 수도 있다. 현실에서는 오히려 '생각'하고 '행동'하기보다 '행동'을 하면서 '생각'이 따라서 정리되었다. 그때의 청승맞은 여행도 그저 생각을 비우는 역할을 했을 뿐이었고, 깊은 생각은 돌아온 후 새로운 일의 가능성을 순수 알아보려고 움직이면서 비로소 자극받아 꿈틀대기 시작했다. 나의 안을 들여다보기 위해서는 나의 밖을 둘러봐야 했던 것이다.

일단, 어쨌든, 움직여보는 것의 중요함을 통감했다. 게다가 생각하는 것에만 너무 중점을 두다 보면 자칫 행동하지 않을, 움직이지 않을 부정적인 이유를 만드는 데 생각이 더 쓰인다. 나한테는 무리니까, 난 이것밖에 못 하니까, 라며 스스로에 대한 선입견을 만든다. 자신에 대해 모르는 것보다 더 나쁜 것은 나를 '이렇다'고 단정 짓는 것이다. 나에겐 뭐가 있지? 내가 뭘 할 수 있지? 이렇게 생각이 뻗어나가면 또 하나의 내가 나를 바라보며 비웃고 있다. 넌 아무것도 못 하잖아. 그냥 현실에 만족하고 살아. 그게 무난해. 실제로 행동으로 옮겨보기도 전에 '아냐, 됐어. 나 따위가 뭘'이라며 부푼 마음을 누르는 데 더 많은 에너지를 쓴다.

자신의 수준을 냉정하게 직시하고 나한테는 이것이 최선이야, 라고 현실적으로 판단하는 것은 큰 용기이다. 하지만 그것은 어디까지나 행동을 일으킨 다음 자신에게 맞는 자리를 찾는 과정에서 얻는 깨달음이지, 아무것도 하지 않으면서 머릿속에서 선만 긋는 것과는 다르다. 확고한 생각이나 단단한 가치관이 되어주는 것들은 내가 자발적으로 경험한 것들을 통해서 체득된다. 생각이 행동을 유발하지만 사실상 행동이 생각을 예민하게 가다듬고 정리해준다. 머릿속이 정리가 되지 않을 때는 일단 그 상황에 나를 집어넣어보는 것이 좋다. 가장 확실한 리트머스 역할을 해주기 때문이다. 용기는 그래서 필요하다.

내가 현재 살고 있지 않은 인생

선택을 내리는 일에 주저하는 것은 삶에는 통제 가능한 부분과 통제 불가능한 부분이 있음을 알기 때문일지도 모른다. 최선을 다해도 원하는 것을 이룰 수 없을 때가 있다. 진실은, 재능과 능력 있는 사람이 온 힘을 다해 노력하고 거기에 운이 따라주면 그때 어쩌면 원하는 것을 이루게 된다, 이다. 재능이나 운을 논하기 이전에 노력부터 하기가 버거운 것이 평범한 우리들의 모습. 운이라는 그 불확실성마저도 우리를 불안하고 시무룩하게 만든다. 그렇다고 인생을 놔버릴 수도 없다.

하지만 애초에 완벽한 선택, 완벽한 확신은 존재하지 않았다. 자신이 원하는 충족된 삶을 사는 사람들을 보면 인생의 결정적인 순간에 정답 같은 선택을 한 것처럼 보이지만 그 이면에는 숱하게 실패한 선택들이 공존했을 것이다. 실패를 통해 나에 대해 더 알게 되고 틈을 보완하며 계속 스스로에게 인생 결정권을 부여했을 것이다. 가장 안타까운 것은 실패하고 싶지 않으니까 어느 쪽도 선택하지 못하고 그 자리에 주저앉는 것이다.

2005년 갑상선암이 세 번째 재발해서 수술을 받고 회사에 휴직계를 내려다가 사표를 썼다. 꼼짝달싹 못 하고 집에 누워 있는 일은 너무 힘들었고 이럴 바엔 회사에 나가 살살 일하는 게 정신적으로 편할 것 같았다. 한창 뻗어가야 할 서른 초반에 커리어를 단절하는 것도 너무 섣부른 선택이 아니었을까 후회한 적도 있었다. 12년간 하루의 대부분을 회사에서 보냈던 일중독자의 습성이 몸과 정신에 각인되어 있으니 자꾸 회사 쪽으로 안테나가 뻗치는 것은 자연스러운 일이었다.

누워 있을 때 팽팽 돌아가던 정신과는 달리 현실 속 내 몸은 집 밖에 나가면 아파트 단지를 겨우 일주하는 것만으로도 벅찼다. 현실의 한계를 받아들이고 그렇다면 내가 무엇을 할 수 있을지를 생각했다. 일하는 시간을 조절할 수 있고 자본도 필요 없고 집에서 할 수 있는 일은 글쓰기가 유일했다. 글쓰기에 대해 제대로 배워본 적도 없었지만 그것이 당시 상황을 움직일 수 있는 유일한 선택지였고 나는 그 선택을 행동으로 밀고 나가기로 했다.

어언 19년째, 지금도 '일'로서 글을 쓰고 있다. '아, 역시 글쓰기가 천직이었어. 내 인생의 기적 같은 대전환이야'라고 말할 생각은 없다. 애초에 작가가 되는 것이 꿈이 아니었다. 그 상황에서는 그것 말고는 해볼 수 있는 것이 없었던 것뿐이다. 기업의 중역으로 승진한 또래 직장 여성들의 기사를 볼 때면 질투가 나면서 과거 그 시절에 글쓰기로 빠지지 않고 좀 더 쉬었다가 다시 회사 생활을 시작했더라면 어땠을까 종종 상상했다.

하지만 '누가 뭐라 하든 난 이걸로 됐어'라며 자신의 선택에 확신을 가지고 살아가는 사람이 얼마나 있을까. 돌이켜보면 왜 과거의 내가 선택한 삶의 방식에 자신감을 가지지 못했을까 안타깝다. 만일 그때 내가 다른 선택을 했었더라면 어땠을까, 라며 또 하나의 인생을 자신에게 주어진 옵션이라고 착각하고 제멋대로 상상하던 나는 뭐랄까, 내가 현재 살고 있지 않은 대안의 삶에 멋대로 싸움을 붙인 후 알아서 지고 있었다. 대안의 인생, 그런 건 어디에도 없는데 말이다. 행여 있더라도 분명히 내가 선택하지 않은 '저쪽 인생의 나'도 똑같이 '이쪽 인생의 나'를 시기하고 있었을 것이다.

사람이 일하는 곳 그 어디라도

직장에 다니다 보면 이런 의문이 스치기 마련이다.

'난 언제까지 이런 반복적이고 재미없는 일만 해야 할까?'

미안하지만 그 일을 대신해줄 사람을 직장에서 뽑아줄 때까지 그 일을 계속해야만 한다. 새롭고 재미있는 일은 몇 개 없고 그나마 재미있는 일들은 대부분 상사들의 차지니까 기껏 해볼 수 있는 거라곤 반복적이고 지루한 일이라도 효율적으로 처리하거나 남다르게 응용해보는 정도다.

석연치 않은 답변에 또 이런 의문이 나올 법하다.

'내가 하는 이 일이 대체 무슨 의미가 있을까?'

의미? 그런 건 원래 없다. 세상의 모든 의미는 내가 직접 만들어가는 것이다.

'지금 하고 있는 일은 내가 아니라도 누구나 할 수 있는 일이야. 그렇다면 직장에서 나란 존재는 대체 뭘

까 생각하게 돼.'

주변의 동료들은 비위도 좋다. 자존심도 뭣도 팽개치고 아무 고민 없이 둔감하게 일하는 것 같은데 나만 조직의 보잘것없는 부속품이 된 것처럼 예민하게 고통스럽다. 회사가 나를 필요로 하지 않는다고, 얼마든지 대체당할 수 있다고 느끼는 나는 그래서 이렇게 선언하기로 한다.

"내 일은 배움도, 재미도, 보람도 없어. 그래서 일은 일이라고 깔끔하게 선을 긋고 월급 받은 만큼만 하려고 해. 난 직장의 노예가 아니니까."

이렇게 되면 직장과 나 양쪽이 똑같아진다.

재미없는 일을 하니까 일할 의욕이 생기지 않는다. 의욕이 생기지 않으니까 일을 대충대충 한다. 최소한으로만 몸을 사리며 일을 하니까 직장에서는 중요한(중요한 일들이 대개는 재미있다) 일을 내게 맡기려고 하지 않는다. 그래서 원래 하던 일이나 하찮아 보이는 일만 반복하게 된다. 점점 일할 의욕을 상실해간다. 내가 의욕을 불태우지 못하는 것은 해봤자 잡무만 시키기 때문이지만, 상사 입장에서는 의욕이 없어 보이는 직원에게 중요한 일은 맡길 수가 없다고 생각하는 이 동상이몽.

내가 먼저 마음을 담지 않으면, 먼저 발을 푹 담그지 않으면, 그 어떤 일이라도 계속 내 주변에서 겉돌기만 한다. 직장이 나를 필요로 하지 않는다고 섣불리 단정하기 전에 나는 이만큼 일을 하고 싶다, 할 의욕이 있다는 의지를 먼저 충분히 드러내고 할 수 있음을 증명하도록 유도하고 싶다. 나는 일을 사랑해, 라고 말하지 않으면 일도 나를 사랑하지 않는다.

'일은 어차피 내 삶의 중심이 아니니, 월급 꼬박꼬박 챙기고 잘리지 않을 정도로만 하겠다'라는 확고한 신념을 가졌다면 능력껏 그렇게 하면 된다. 아슬아슬하게 손해 보지 않을 선을 유지하는 것도 굉장한 균형감각이니까. 하지만 그렇게 되면 안타깝게도 나의 영혼은, 열정은, 일 외의 곳을 향하게 된다.

'저녁이 있는 삶'이나 '일과 사생활의 균형work-life balance'이라고 좋게 표현할 수도 있다. 하지만 하루 대부분의 생산적인 시간을 직업으로 하는 일에 투입하는데 마음과 열정이 그곳에 없어 빈껍데기처럼 일한다면, 그만큼 충족되지 못한 마음과 열정을 다른 곳에서 어떻게든 해소시켜줘야 한다. 그러려면 사생활이 정말 재미있어야만 할 것 같은데 어떻게 보면 사생활을 재미있게 하는 게 더 어려워 보인다. 일의 문제는 그만큼 인생을 통틀어서 가장 오랜 기간에 걸쳐 삶의 질에 가장 깊숙이 영향을 주는 문제인 것이다.

절대적으로 즐겁고 보람찬 일은 이 세상에 존재하지 않는다. 일의 재미는 스스로 찾아야 하는 주관적인 문제다. 일이 내게 기회를 주지 않는다고 탓하기 전에 내가 먼저 일의 가능성에 기회를 줄 생각을 해보면 안 되는 것일까. 직장을 위해서가 아니라 오로지 나를 위해서 말이다. '일이 지루하다'라고 투덜대기 전에 '그럼 즐겁게 할 수 있는 방법은?'이라며 고민을 해보면 안 되는 것일까.

　직장 생활이 늘 노동 착취와 사내 정치에 대한 것만 있는 건 아니다. 팀이 힘을 한데 모아 어려운 프로젝트를 해내거나, 내가 어려움에 처했을 때 상사가 외풍을 막아주거나 문제를 해결해줄 때, 일터도 엄연히 마음을 내어줄 수 있는 장소로서 존재한다. 사람이 있는 곳은 어디에나 지옥도 있고 짠한 감동도 있다. 사람들끼리 미워하고 시기하며 갈등을 겪기도 하지만 동시에 부딪치면서 자극받고 배우며 성장해나가기도 한다.

그래도 이 직장에서는 더 이상 희망을 품지 못한다면 나의 적성과 재능에 대해 냉정하게 평가를 내리고 새로운 길을 터나가야 한다. 제일 희망이 보이지 않는 것은, 이것도 싫고 저것도 싫다면서 지금 있는 자리에서 한 발자국도 움직이지 못하는 것. 새롭게 길을 선택해도 언젠가는 객관적인 평가와 만날 수밖에 없는데, 그것이 두렵거나 싫다고 한다면, 자존심을 다치면서까지 현실을 직시하고 싶지는 않다면, 애초에 답이 없는 것이다.

영감이 떠오르든 말든

한 인터뷰 프로그램에서 어떤 독자가 소설가 김영하 씨에게 물었다.

"어떻게 하면 소설가가 될 수 있을까요?"

이에 소설가 김영하 씨는 단호하게 대답했다.

"하지 마세요."

나는 김영하 작가의 저 대답이 "넌 할 수 있어"보다 훨씬 더 상대를 배려하는 대답이라고 생각했다. 정말로 그 일을 하고 싶다면 그것이 실현 가능할지, 적성에 맞는지, 내가 생각한 대로의 꿈의 직업일지, 사전 검증이 있든 없든 어떻게든 그 일에 가까이 가려고 할 것이다. 누군가가 뭔가를 하고 싶다, 뭐가 되고 싶다, 라고 토로할 때 가까운 사이일수록 나 역시 "잘해봐, 다 잘될 거야"라고 하지 않고 그저 귀 기울여 찬찬히 들어줄 뿐이다. 주변의 다정한 격려는 고맙지만 자신의 결정에 대해서는 내가 나를 격려하고 채찍질하고 달래

주는 역할을 온전히 도맡아야 한다.

 욕망을 계속 품는 것이 무모하게 느껴질 때는 또 어찌나 많은지. 무엇을 원하지만 막상 행동에 있어서는 노력을 충분히 하기가 버겁거나 기본 기량이 미비함을 깨달을 때. 욕망이 있지만 그것이 '내 것'인지 확신이 서지 않을 때. 욕망을 위해서는 하기 싫은 일도 해야 함을 알았을 때. 세상에 유포된 '간절히 원하면 된다'가 사탕발림이라는 걸 깨닫게 될 때. 특별한 것을 성취한 사람들에겐 내가 가지지 못한 특별한 배경이 있음을 알았을 때.

가뜩이나 글쓰기 세계의 경우 현실적인 측면에서 추천할 만한 게 못 된다. 몇 해 전의 문화예술인 실태 조사를 보면 분야별 문화예술인 중 100만 원 이하 수입 비율 1위가 문학 종사자였다. 무려 전체 문학 종사자 중 91.5퍼센트가 월수입이 100만 원 미만에 불과했다. 글로 밥벌이하는 작가는 손가락으로 꼽을 정도라는 말이 나올 법하다. 신춘문예나 각종 문학상으로 등단한 작가 중 등단 이후 글을 청탁받아 쓰게 되는 이들은 그중 10퍼센트에도 미치지 못하고 그마저도 1, 2년

후면 그중 대부분이 세상에 이름을 알리기도 전에 사라진다고 한다.

그럼에도 불구하고 어떤 사람들은 그저 창작이라는 행위를 아무런 유보 없이 계속 사랑하기로 한다. 진심으로 열망하는 사람들은 이미 그 마음을 참지 못하고 행동을 일으킨다. 소설가 김연수 씨가 산문집 《소설가의 일》에서 소설가가 되려면 소설을 쓰는 게 우선이라고도 말했듯이, 핑계를 대며 돌아가지 않고 정중앙으로 쭉 걸어나간다. 그 일을 하고 싶으면 우선 그 일을 하고 있어야 한다는 아이러니 같은 진리. 누구에게 질문할 필요조차 없고 더더군다나 누가 말린다고 해서 관두지도 않는다.

욕망했던 글 쓰는 일이 막상 자기 생업이 되는 순간 그 일이 기대를 배신하기도 한다. 예술이 줄 것만 같았던 자유보다 조직에서 요구되는 것 이상의 중압감을 느끼고 자기통제를 하게 된다. 저명한 작가들의 일하는 방식을 그린 인터뷰 모음집 《리추얼 Daily Rituals》만 봐도 세상에 자신의 흔적을 남긴 창작자들의 남다른 엄격함과 성실함에 현기증이 날 지경이다. 앞날에 그 어떠한 기약이 없어도 자기만의 규율을 만들어 시간을 허투루 보내지 않고 글을 썼다. 예술 하는 사람이라고 하면 밤늦게까지 술이나 담배를 하면서 글을 쓰고 글이 도중에 풀리지 않으면 영감을 얻겠다는 핑계로 훌쩍 여행을 떠날 것 같지만 대부분의 창작자들은 매일 정해진 시간에 책상으로 출근했다.

> 비가 오나 날이 맑으나, 숙취에 시달리든 팔이 부러졌든, 그 사람들은 그저 매일 아침 8시에 자기들의 작은 책상에 앉아 할당량을 채우지요. 머리가 얼마나 텅 비었건 재치가 얼마나 달리건, 그들에게 영감 따윈 허튼소리.

작가 레이먼드 챈들러는 에세이 《나는 어떻게 글을 쓰게 되었나》에서 시크하게 말한다. 영감이 떠오르든 말든 일단 정해진 시간에 책상에 앉는 사람만이 글을 쓸 수 있는 것이다.

연애에 바라는 것

"제 연애는 정상인가요?"

어떤 여자분이 A4 용지 네 장 분량에 걸쳐 남자 친구에 대한 불평과 불만을 쓴 이메일을 내게 보냈다. 그녀는 자신의 남자 친구가 '정상'인지, 왜 자기가 이런 취급을 받아야 하는지 제3자의 객관적인 눈으로 검증받고 싶었던 것 같다.

문제의 원인은 남자 친구에게 있음을 어떻게든 꼼꼼하게 입증해보려 하지만 막상 당사자인 남자 친구에게는 이별이 두려워 아무 말도 하지 못했다. 게다가 연애에 '정상'이 어디 있으며 그런 게 있다고 한들 왜 남들이 하는 그대로 해야 하는지도 모르겠다. 나와 남자 친구의 관계가 주변에 어떻게 보일까가 더 신경 쓰인다면 상대를 깊게 바라볼 여유는 언제 생길 수 있을까?

어떤 분들은 자신의 특정 문제에 통용되는 "연애 비법

을 알려달라"고 부탁한다. 사람을 사랑하는데 비법이라니. 기술, 그런 게 무슨 필요가 있을까. 굳이 있다면 나 스스로 매력적이고 괜찮은 사람이 되는 것 말고는 없다. 나는 늘 그대로이면서 상대에게는 높은 기준을 들이대는 것은 과하지 않을까? 밀고 당기기도 어차피 '덜' 좋아하는 사람만이 행사할 수 있는 행동이다. 마음을 억누르고 머리를 써서 밀고 당기기를 했다고 해도 얼마 가지 않아 본심이 드러난다.

상처받지 않기를 원한다면 아무것도 시작할 수 없다. 어차피 누군가를 좋아하게 되면 어김없이 상처받게 되어 있다. 연애를 하고 싶다면서 "행복해지고 싶다"고 말하지만 그만큼 슬픔과 분노와 목마름도 겪게 될 것이다. 머리를 짜내서 최적의 전략으로 접근한다 해도 사랑처럼 유동적이고 비합리적인 감정이 없기 때문에 이치대로, 논리대로 되지 않는다. 내 마음대로 되지 않는 것, 어쩌면 그것이 사랑의 본질일지도 모르겠다.
"연애는 어떻게 하는 거예요?"

이 질문에 대한 답은 오로지 하나다. 누군가를 진심으로 좋아하면 된다. 사람은 원래 누군가를 알아서 좋아하게끔, 누군가의 체온을 그리워하게끔 만들어져 있다. 그 마음을 두려움 없이 따라가보면 되는 것이다. 한데 말로는 연애하고 싶다고 하지만 실제로는 철벽을 치며 상대를 밀어낸다. 어쨌든 자기 자신이 제일 소중해서 상처받는 게 두려우니까.

연애를 시작했다고 해도 설렘과 빛나는 순간을 있는 그대로 누리기보다 연애를 하나의 성공해야만 하는 프로젝트로 간주하고 상대와 나를 힘들게 하는 이들이 있다.

사랑을 빌미로 상대를 내 입맛에 맞게 변화시켜야 한다고 생각한다. "이 사람은 왜 이러는 걸까요?"라며 못마땅해하고 내가 원하는 대로 변해주지 않으면 이 사람은 더 이상 나를 사랑하지 않는다고 단정 짓는다. 연애 초기의 흥분이 가시면 특히 상대가 변했다고 속상해하지만 연애 초기가 특수 상황이고 지금이 평소의 모습일 것이다. 상대는 오로지 내가 먼저 변해야만 변할 수가 있다.

역으로 사랑받기 위해 무리하는 것도 곤란하다. 인간

관계에서 무리하면 안 되는 이유는 무리한 대가를 언젠가는 상대에게 딱 그만큼 받아내려고 하기 때문이다. 그것은 무겁고 힘든 연애의 서막을 예고한다.

나의 이런 치부가 드러나면 상대는 멀리 가버릴 거야, 라고 생각한다면 그 관계는 거기까지다. 우리는 처음엔 서로의 멋진 모습을 보고 좋아하게 되지만 서서히 그 사람의 멋지지 않은, 결핍된 부분을 사랑하게 된다. '이 사람의 이런 못난 모습은 나밖에 모른다'는 것, 그런 마이너스 부분의 연결 고리가 훨씬 강하다. 연애는 원래 폼 나지 않는 것이다.

서로를 사랑한다면 힘닿는 데까지 자유롭게 해줘야 할 것이다. 사랑이라는 명분으로 상대를 시험에 들게 하지 않는다. 그것은 결과적으로 자기 마음을 시험에 들게 하는 일이다. 사랑은 이래야만 해, 라며 자꾸 사랑을 정의하고 범위를 좁히는 게 아니라, 이럴 수도 있다며 숨 쉴 수 있는 공간을 넓혀야 한다. 타인의 시선이나 주변의 상식과 기대치에 얽매이지도 말아야 한다.

관계가 정체기에 있거나 모호한 상태거나 상대가 자기

안의 동굴에 들어가버리거나 권태기일 때 쉽게 끝났다고 단정 짓지 않았으면 한다. 이별의 징조가 느껴지면 내가 먼저 상대에게 이별을 고함으로써 스스로를 보호하려는 방어기제가 나올 때가 있는데, 이런 성급한 반응이 오히려 관계를 정말 깨버리는 경우가 있다.

'예전 같지 않다' 싶은 상황일 때는 잠시 시선을 일이나 다른 데로 돌리면서 시간을 얼마간 흘려보내는 것도 방법이다. 내가 상대방을 완전히 이해하지 못하는 것이나 상대방이 혼자서 자신의 문제를 해결해야만 한다는 것에 너무 상처받지 않아도 된다고 생각한다. 사랑은 완전함이나 완벽함이라는 개념과 아무래도 거리가 있는 것 같다.

하지만 연애는 부모가 나를 사랑한 이래로 나의 존재가 전적으로 타인으로부터 긍정을 받는 유일한 경험일지도 모른다. 더불어 나밖에 모르던 내가 타인에 대해 깊은 관심을 가지고 이해하려고 애쓰게 되는 소중한 경험이다. 그래서 고통스러워도, 손해 본다고 해도, 상처받는다고 해도, 온몸과 마음을 다해서 사랑할 수 있을 때 사랑을 해두어야 할 것 같다.

행복과 욕망

"행복하게 지내려면 어떻게 하면 좋을까요?"

누가 문득 물었다. 큰 프로젝트를 성공적으로 해 낸다거나, 돈을 많이 벌게 되거나 하는 그런 성취 차원의 행복이라기보다 일상생활 속에서 느낄 수 있는 소소한 행복 말이다. 웬만해서는 막힘없이 생각을 말해왔지만 당시의 나는 그 질문에 대한 답을 머뭇거렸다. 오랫동안 행복이라는 개념에 무관심했기 때문이다. 행복이라는 단어는 모호하기만 했고, 세상에 가득한 행복 담론을 현실도피를 위한 나약한 위로 정도로 치부했다. 그사이 그 누구도 아닌 내가 행복해지기 어려운 사람이 되어가고 있었다.

어느 날, 우울함을 느끼며 알게 되었다. 행복이란 얼마큼 행복한 일들이 내게 일어날까, 라는 객관적인 조건의 문제가 아니라 얼마큼 내가 그것을 행복으로 느낄 수 있을까, 라는 주관적인 마음의 상태로 결정된다는 것을. 이제는 행복감을 느끼는 일이 안일한 위로를 향한 도피가 아닌 엄청난 재능임을 안다. 그것은 사실 이것이 있어서 행복하다가 아니라, 이것이 없어도 행복하다고 느낄 수 있는 능력이기 때문이다.

우리는 '이것'이 없으면 행복해질 수 없다고 생각하기 쉽다. 나도 매년 정기건강검진 결과를 기다릴 때는 건강만 있으면 행복하다고 생각하다가, 검진 결과가 막상 괜찮으면 행복은 찰나처럼 스쳐 지나가고 이내 다른 새로운 조건들을 필사적으로 손에 넣어야 행복해진다고 믿는다. 조건으로는 행복감이 일시적으로나마 충족되긴 한다. 열심히 돈을 모아 가지고 싶었던 물건을 산다거나, 궁금했던 장소로 여행을 간다거나. 하지만 그렇게 채워지는 행복은 투자한 시간과 노력에 비해 유효기간이 상대적으로 짧다. 같은 밀도의 행복을 다시 한번 느끼려면 다음에는 더 좋고 비싼 물건을 사거나, 더 멀고 낯선 곳으로 여행을 가야만 한다.

욕망을 충족하는 것과 감정적으로 행복해지는 것은 비

숫한 듯 엄연히 다른 성질을 지녔다. 특정 조건들을 갖추느냐 마느냐와 상관없이, 내가 행복을 느낄 수 있는 기질은 별도의 독립적 성질이다. 행복과 욕망은 옆에서 각자 따로 평행선을 그린다. 자신의 욕망을 충족하는 것과 행복감을 느끼는 일은 다른 축의 문제이기에 '행복해지기 위해서는 욕망을 포기하고 주어진 현실에 만족해야 한다'라는 흔히 듣는 겸손하고 소박한 말은 맞지 않는 것 같다. 행복과 욕망은 각자 독립적으로 존재하기에 둘을 혼동하거나 섞어놓지 말고, 갈라놓은 뒤 저마다의 방식으로 충족하면 된다고 생각한다.

"지금의 일상에 만족하는 건 아니에요. 하고 싶지 않은 일을 직업으로 삼고 있고 그래서 일은 지루하고 하루하루 지쳐가요. 하지만 몸은 건강하고 나름대로 다정한 애인과 좋은 친구들도 있으니 이만하면 전 충분히 행복한 거겠죠? 현실에 만족하지 못하고 이만한 행복에 감사할 줄 모른다면 제가 문제겠죠?"

이런 질문도 받았다. 그녀는 지금 정도의 현실에 불만을 늘어놓으면 과한 욕심을 부리는 것이고, 그러면 벌이라도 받는다고 생각하는 것 같았다. 아마도 '그래. 주어진 것에 만족하고 살아. 그게 행복해지는 길이야' 혹은 '인생 다 거기서 거기야' 같은, 현실을 수용하도록 도와주는 대답을 기대할 것이다. '당신 정도면 아주 행복한 거죠'라는 말을 위안 삼아 또 다른 하루를 인내할 힘을 얻으니까.

하지만 나라면 그렇게 장단을 맞춰줄 것 같지 않다. 왜냐하면 지금 그녀는 욕망을 욕심이나 탐욕과 혼동하고 무기력과 권태를 착함이나 초연함으로 혼동하고 있기 때문이다. 부정적으로 해석하면 일이나 일상이 만족스럽지 못한 것을 알면서도 다른 새로운 일을 찾아보거나 지루한 하루하루를 바꾸기 위한 방법을 찾아보려는 의지도 없이 현실과 타협하는 것을 행복이 아니냐고 합리화하려 한다. 동시에 욕망을 품으면 불행해질지도 모른다며 두려워한다. 욕망을 위해 주위 사람들과 환경에 폐를 끼치면서까지 나와 내 가족만을 위하는 것은 탐욕이지만, 정당한 노력을 실천하고 위험 요소를 감수하고서라도 발전해나가려는 것은 꿈을 향해 걸어나가는 것이다. 왜 꿈을 포기하는 것이 욕망의 이름으로 부정당하고 행복의 이름으로 납득되는 것일까.

마음속을 정직하게 들여다봤을 때 현재의 일상이 만족스럽지 못하다면 만족할 수 있는 일상을 손에 넣어야겠다는 욕망에 충실해야 하는 것이 아닐까? '인생 별거 있어? 다들 이렇게 사는 거지'라며 자신의 욕망을 억누르면서 아무 변화나 행동도 시도하지 않고 타인의 인생을 참관하는 것으로 대리만족하는 것은 너무나 아깝다. 인생? 별거 있다.

'충분히 만족스럽지 않아도 나름대로 행복한 것 아닌가' 같은 마음가짐으로 얼마간 평온을 되찾을 수는 있다. 하지만 삶의 질의 가장 큰 부분을 결정짓는 일과 직업의 문제에서 여전히 만족스럽지 못하는데 바꾸려는 시도도 없이 눈감아버린다면 그것은 진정한 행복을 추구할 기회를 사전 봉쇄하는 것이다. 하물며 만족스럽지 못한 부분을 만족스럽게 바꾸려고 애쓰고 노력하는 과정 자체가 실은 무척 행복감을 주는 일이라고 나는 생각한다.

욕망과 행복은 둘 다 인간이 바라는 자연스러운 감정이다. 욕망은 욕망대로 맹렬히 노력해서 추구하는 근력도 필요하고 행복은 행복대로 너그럽게 감지하는 촉도 필요하다. 다시 말해, 욕망을 위해 행복을 포기할 필요도, 행복해지기 위해 욕망을 포기할 필요도 없다.

'나의 마음을 이해하는 만큼
상대의 마음도 이해한다'

_____

관대함

2부

기꺼이 상처받을 것

예전에 〈라디오천국〉이라는 라디오 프로그램에서 디제이 유희열 씨와 둘이 격하게 동의한 것이 있다. 이성에게 사랑받는 사람들의 가장 대표적인 특징은 본인들 자체가 이성을 매우 좋아하는 사람들이라는 점이다. 여자라면 남자를 참 좋아하고, 남자라면 여자를 좋아하는 것을 겁도 없이 티내는 사람들. 자칫 '쉽다'거나 '헤프다'라는 표현으로 뒤에서 수군대는 이야기들의 주인공이 되는 사람들. 어쨌거나 뒤도 돌아보지 않고 사랑에 빠지는 사람들이다.

사랑에 잘 빠지는 사람들을 보면 여러 가지 것들에 열정적으로 잘 반하는 것 같다. 그들은 사람이든 물건이든 그 안에서 자신이 좋아할 수 있는 점을 발견하는 에너지가 있다. 그리고 그들은 사랑을 주면서 행복해한다.

"너무 잘해주지 마. 널 만만하고 당연하게 생각할 거야."

주변 사람들은 너의 자존심을 지키라고 하지만 그들은 좋아하는 사람에게 좋아한다고 표현하는 마음을 더 소중히 여긴다. 좋아하는 사람이니까 내가 먼저 호감을 보인다고 해도 그것은 전혀 자존심 상하는 일이 아니다. 내가 좋아하는 것을 있는 그대로 표현했다고 해서 상대가 그걸로 나를 만만하게 본다면 상대가 가진 마음의 용량이 그 정도밖에 되지 않으니 어쩔 수 없다고 체념한다.

더 많이 사랑하는 사람이 애가 더 타고 마음이 닳지만 그럼에도 불구하고 어쩔 수 없이 그 사람을 좋아하게 되었어, 같은 사랑에 항복하는 감정을 가질 수 있는 건 인생의 큰 축복이라고 생각한다. 그래서 결코 스스로를 관계에서 약자라고 생각하지 않는다. 진짜 약한 사람들은 오히려 상처받지 않으려고 앞으로 다가가지 못하는 사람들이다. 과거의 아팠던 경험으로 상대에 대해 선입견을 가지거나 철벽을 치거나 나의 문제를 상대방에게 투영하는 사람들이다.

상대방을 좋아하면 마음이 가는 대로 표현하고

어떻게 하면 상처받지 않고 사랑할 수 있을까를 묻지 않는다. 상처받을 것을 알아도 그 사람을 좋아하는 마음이 그것을 훨씬 웃돌아 기꺼이 상처받는 일을 자초하고 만다.

나한테 마음의 문을 연 만큼 딱 그만큼만 나도 마음을 여는 것이 어떻게 가능하단 말인가. 내가 누군가를 좋아할 때 우선 그 누구보다도 내가 그 마음을 인정하고 받아주어야 하지 않을까. 사랑에서 취해야 할 단 하나의 태도가 있다면 나 자신에게는 '진실함', 상대한테는 '관대함'인 것 같다. 사랑하면 상대 앞에서 자신 있게 무력해질 수가 있다.

프랑스의 작가 아니 에르노는 소설 《단순한 열정》에서 사랑하는 상대에 대해 "그 사람이 그럴 만한 '가치'가 있는 사람인지 아닌지는 아무런 의미가 없다. (…) 그러나 그 사람 덕분에 나는 남들과 나를 구분시켜주는 어떤 한계 가까이에, 어쩌면 그 한계를 뛰어넘는 곳까지 접근할 수 있었다"고 표현한다. 살아 있을 때 누군가를 좋아할 수 있는 것처럼 멋진 일은 없다고 생각한다. 너무 이상적이라고? 사랑에 이상을 품지 않으면 세상살이 중 그 어떤 것에 우리가 이상을 품을 수 있을까.

한 여자가 한 남자와 사랑에 빠져 몸과 마음이 시큰시큰 타들어가는 사랑의 열병을 그려낸 《단순한 열정》은 이렇게 끝을 맺는다.

> 어렸을 때 내게 사치라는 것은 모피 코트나 긴 드레스, 혹은 바닷가에 있는 저택을 의미했다. 조금 자라서는 지성적인 삶을 사는 게 사치라고 믿었다. 지금은 생각이 다르다. 한 남자, 혹은 한 여자에게 사랑의 열정을 느끼며 사는 것이 바로 사치가 아닐까.

실로 그러하다.

*

지난봄, 사랑의 황홀과 고통에 관해 쓴 소설 《다 하지 못한 말》을 내고 덕수궁 수양벚꽃나무 앞 석조전 계단에서 독자들과의 첫 만남이 있었다. 소설 속에서 사랑과 이별의 상징적인 장면들이 덕수궁을 배경으로 등장하기 때문이다. 덕수궁 안의 나무들은 만개한 꽃향기로 가득했고, 봄밤의 조금은 알싸한 밤공기가 설렌 마음을 식혀주고 있었다. 우리는 해 질 녘 계단 한쪽에 비밀결사대처럼 모여 앉아 소설에 대해 이야기를 나누고 질의응답 시간을 가졌다. 그때 멀리 제주도에서 모임에 참가한 한 20대 여성분이 '사랑했던 사람을 어떻게 잊을 수 있냐'는 울먹거림에 가까운 질문을 했고, 그가 이 멀리까지 와야만 했던 이유를 간파해버린 사랑의 고통을 경험해본 우리 모두가 울컥해서 다 같이 힘내라는 박수를 치고 포옹을 해주었다. '시간이 해결해주지 않을까' 같은 시답잖은 대답밖에는 할 수 없었던 나는 다행히 그날 독자분들 앞에서 낭독하려고 편지를 한 통 써 갔더랬다.

벚꽃 편지

나는 어쩐지 갈수록 '흔들리는' 사람들이
좋아집니다.

요새 둘러보면 '단단함'이 중요한 가치로
여겨지고 있는 것 같지만,
마음이 흔들리고 생각이 흔들리는 사람들이
점점 좋아집니다.
저항하지 않고 흐름에 몸을 내맡기는 천진함,
계산 없는 순수함,
무엇보다도 부드럽고 말랑한 심장을 가지고 있기
때문입니다.

그리고 저는 늘 소설을 쓰면서 사람들의 마음을
뒤흔들고 싶었습니다.
굳어 있던 마음이 풀리고, 휘몰아치는 감정에
푹 빠지고,
그것은 어쩌면 벚꽃잎처럼 취약하고 연한 본연의
모습으로 돌아가는 것—

종종 "약해지자!"라고 가장 친한 친구와 서로
다짐합니다.
"우린 너무 강해. 그래서 안 되는 거야"라고.
너무 강한 건 아름답지 않은 것 같습니다. 너무

강할 필요도 없는 것 같고요.
나는 나의 약한 지점을 사랑해주는 사람을
사랑하기로 오래전부터 마음먹었습니다.

지금 저토록 아름다운 벚꽃은 이제 일주일도
안 되어 우리 곁을 떠납니다.
벚꽃이 우리에게 감동을 주는 것은 저 연하디
연한 꽃잎과,
온 힘을 다해 일제히 피워내는 기세와,
압도적인 아름다움을 남기고 홀연히 떠나가는
유한성과 부질없음 때문일 것입니다.
벚꽃의 그러한 본질 덕분에 그 앞에서 우리는
잠시 순해지고 천진해집니다.
내가 조금 더 다치더라도, 조금 더 아프더라도
자신 있게 약해지고, 순해지고, 사랑을 더 주는
일을 포기하지 마시길 빕니다.

나는 지금도 가끔 멀리 제주도에서 덕수궁 벚꽃 모임에 참여했던 그 말간 얼굴의 여성 독자를 떠올린다. 충동적으로 비행기에 몸을 실은 그는 자신의 애절한 마음이 누군가에게 이해받기를 간절히 바랐고 아마도 그 누구보다도 그때 모인 우리가 이해해줄 거라고 믿었을 것이다. 그날 밤 그는 사랑으로 고통받는 일이 무모한 일이 아님을, 무모하다 하더라도 가치가 없지는 않음을 확인하였을 것이다. 그는 사랑 앞에 자신을 완전히 연소하였을 테고, 그러면 된 것이다.

사랑은 사랑을 주어본 사람 앞에 다시 나타날 것이기에.

나의 사랑만은 특별하니까

사람들이 사랑에 대해 심하게, 어쩌면 영원히 착각하는 한 가지는 바로 사랑은 '좋고 행복할 것'이라는 믿음이다. 물론 그것은 틀린 말이 아니다. 그러나 대개의 큰 기쁨을 주는 것들이 그렇듯, 그 뒤엔 보이지 않는 짐들이 딸려 있다. 예민해진 신경, 오해와 질투, 구속과 의심, 몸과 마음의 피로, 그리고 아마도 확실한 이별 같은 것.

연애에는 고통과 슬픔이 동반함을 주변에서 많이 목격해서 익히 잘 알고 있다. 단, 이것이 '나의' 문제가 되면 달라진다. '나의' 사랑만은 다를 것이라 확신한다. 왜냐, '나의' 사랑만은 항상 특별하니까.

작가의 경고: 본 영화는 100퍼센트 창작물입니다. 실존하거나 사망한 그 어떤 인물과의 상관관계도 없습니다. 특히 너, 제니 벡맨. 나쁜 년.

Author's Note: The following is a work of fiction. Any resemblance to persons living or dead is purely coincidental. Especially you, Jenny Beckman. Bitch.

— 영화 〈500일의 썸머〉 오프닝 화면

사랑한 만큼 이별 후 미움의 감정은 누구에게도 예외가 아니다. 영화 〈500일의 썸머〉에서 남자 주인공 톰은 썸머에게 대차게 차인다. 사랑한다는 것은 서로를 '보는' 일인데 언제부턴가 썸머는 '나 피곤해, 나 졸려, 나 바빠'라며 '보지 않으려고' 한다. 서로를 좋아한다는 증거는 사실 무척 간단하다. 모든 장애물에도 불구하고 서로를 간절히 보고 또 보려고 노력하는 것인데 누군가 한쪽은 그 노력을 언젠가부터 하질 않게 된다.

이별은 신체 증상에서 시작된다. 처음 이별을 직감하면 마음이 타들어가고, 헤어지자는 말이 상대의 입 밖으로 나오는 순간 가슴이 찢어진다. 혼자 이별의 무게를 떠안아야 할 때 심장에 구멍이 뚫리고 마지막으로 진짜 관계가 끝났음을 받아들일 때의 먹먹한 느낌은 바로 어제 일처럼 생생하다.

단칼에 이별하지 못하기 때문에도 고통은 더 지속된다. 먼저 누군가가 관계를 내려놓으려고 하는 순간부터 이미 관계는 이별에 들어선 거나 다름없지만 관계가 완전한 마침표를 찍기까지는 이래저래 부침을 겪는다. 좀처럼 꺼지지 않는 촛불처럼 불꽃은 피었다 사그라졌다를 반복하며 사람을 헷갈리게 한다. 센 척, 약한 척, 괜찮은 척, 미친 척, 진짜진짜진짜로 헤어지기 전까지 우리는 얼마나 많은 '척'을 해야 하는지.

이별을 지체시키는 것은 덜 사랑한 자의 희망 고문 때문이기도 하다. 각자가 마음이 정리되는 타이밍이 다르다 보니, 더 사랑한 사람이 마음 정리를 할 수 있도록 덜 사랑한 사람이 도와줘야 하는데, 대신 그들은 선의나 예의를 빌미 삼아 의도치 않은 희망 고문을 한다. "지금 뭐 해?"처럼 과거의 여느 일상을 연상시키는 다정한 말투, 뜬금없는 "잘 지내?" 같은 안부 인사, 괜히 의미심장한 댓글을 남기는가 하면, 치고 빠지듯 관심 글을 찍고 '좋아요'를 누른다.

그 과정에서 누군가는 감상적이 되고 누군가는 그 감상을 충동적으로 유발시킨 데에 대한 대가를 치러야 한다. 그에 대한 책임을 회피하면 상대의 상처는 까진 데 또 까져서 만신창이가 된다. 이제 상처의 피 냄새를 알아버린 더 사랑한 자가 제 발로 뒷걸음질 치며 상대가 보여주는 예전의 감미로운 말투나 미소에 더 이상 희망을 품기를 두려워하게 되면 두 사람은 마침내 진짜 이별을 맞이한다.

완전한 이별로 당장은 숨도 가쁘고 죽어버릴 것만 같다. 생기가 일제히 사라진다. 사고 싶은 것이 없어지며, 아무도 만나고 싶지 않고, 먹고 싶은 것도 없어진다.

정말로 슬픈 것은 한때 서로를 사랑했던 관계가 강자와 약자, 가해자와 피해자의 관계로 변했을 때다. 너무 힘들고 고통스럽다 보니 이별을 통고받은 자는 이별을 통고한 자에게 "나한테 어떻게 그럴 수 있냐"고 원망하고 공격한다. 먼저 이별을 입에 올리는 사람이 가해자이자 나쁜 사람이 되고 이별하기를 거부하는 사람이 피해자이자 착한 사람이 된다. 오래 사귀었던 관계일수록 사람들은 이별을 먼저 입에 올린 사람을 나

무라며 이별을 통고받은 자를 위로하고 지지한다.

이별을 고하기보다는 통고받은 경험이 더 많은 내가 이런 말을 하는 것은 우습지만, 이별을 먼저 고한 것을 두고 잘못한 것, 나쁜 거라고 말하는 것은 옳지 못한 것 같다. 왜냐하면 헤어지려는 사람이나 붙잡으려는 사람이나 이해관계가 일치되지 않아서 그렇지, 둘 다 똑같이 자신의 감정에 솔직한 이기적인 행동을 하고 있기 때문이다.

인간의 자연스러운 본능―사랑하기도 하고 사랑하는 마음이 식기도 하는―을 거스를 수 있는 사람은 세상에 아무도 없다. 두 사람이 만나서 사랑하고 헤어지는 것에는 그 누구의 잘잘못도 없다. 그래서 '그를 포기하고 싶지 않아'가 나의 정직한 속내임에도 불구하고 상대가 원한다면 분명 그를 놔주긴 해야 할 것 같다.

고통스럽다 해도 상대의 이기적인 마음도 인정해주었으면 좋겠다. 나의 아픈 마음을 보듬는 만큼 상대의 마음도 관대하게 살펴주었으면 좋겠다. 상대에게 비굴해지거나 항복하라는 얘기가 아니다. 나의 마음을 이해하는 만큼 상대의 마음도 이해하라는 얘기다. 사랑했던 상대에게 관대하다는 것은 다름 아닌 불완전한 나를 용서하고 아우르는 행위이기 때문이다. 그것만 인정할 수 있어도 우리는 사랑의 소멸을 정면으로 애도할 수 있을 것 같다.

어떻게 나를 그토록 좋아할 수가 있지, 라는 순수한 경이로움. 어떤 사랑이든 사랑 그 자체가 내 인생에 찾아온 것을 소중히 여기는 마음. 사랑이 끝났다고 해도 새로운 사랑이 다시 도래할 거라는 믿음. 상처는 아물고 어느새 나는 한 뼘 성장해 있다. 슬픔에 아름다움이 깃드는 순간이다.

같은 불완전한 인간

성인이 된 이후부터는 부모님의 그림자나 영향력은 자연스럽게 지워진다고 생각해서인지 20, 30대들의 '부모에 대한 복잡한 마음'은 나를 적지 않게 놀라게 했다. 강연에서 만난 독자들은 부모로부터 받은 상처나 원망, 애정 결핍을 토로한다.

"아버지가 나를 인정해주지 않아요."

"나에게 모욕을 준 어머니가 여전히 미워요."

"지금 내가 이렇게 자존감이 부족한 것은 부모님 탓인 것 같아요."

어린 시절 부모와 어떤 관계를 맺었냐가 성격과 삶의 태도에 영향을 준다는 이야기는 직접 아이를 키우면서도 통감하는 부분이긴 하다. 그래서 그들이 충족되지 못했던 부모와의 관계를 개선해보고자 소통을 시도해보고 부모를 변화시키려 노력하는 점도 십분 이해는 갔다. 불행히도 그것들은 대개 성공하지 못한다. 모든 사람이 나이가 들수록 지혜롭고 관용적이 되는 것은 아니다. 나이 들수록 점점 고집스럽고 짜증이 느는 것이 보통이다.

부모님이 나이가 더 드셨다고 자식이 바라는 대로 변해줄 리 만무하니 그런 모습을 보노라면 더욱 부모에 대한 원망과 분노가 치솟아 오른다. 그런 좌절된 마음은 더더욱 부모로부터 심리적으로 벗어나지 못하게 만든다. 나를 이 지경으로 만들어버린 부모가 꿈쩍하지 않으면 나도 더 이상 여기서 한 발자국도 꿈쩍하지 못할 것처럼 엄포를 놓는다. 말로는 저항이지만 여전히 부모 앞에서는 불안한 눈빛으로 눈치 보며 인정과 사랑을 갈구하는 움츠린 어린아이다.

"과거에 이런 일이 있어서……"
"우리 가족이 이래서…… 지금의 내가 이럴 수밖에 없고……"

항변하고 싶은 마음은 이해하지만 나이 서른 넘어서까지 그럴 수는 없다. 어느 시점이 되면 어떻게든 꾹 삼키고 체념해야 한다. 애초의 원인 제공자가 누구든, 누구나가 인생의 한 시기에는 저마다의 지옥을 품고 가는 것이고, 훌쩍 성인이 되어서도 부모라는 과거에 휘둘리면서 고여 있기를 자처하거나, 하물며 부모로부터 충분한 사랑을 받지 못한 것을 전혀 관련이 없는 다른 문제들의 원인으로 확대해석하는 것은 곤란하다.

가장 이상화된 부모 자식 관계에 내가 겪은 환경을 비추어보고 '난 남들이 당연히 가진 걸 가지지 못했다'고 부모에게 울분을 품는데, 그렇게 치면 우리 중에 무조건적인 사랑과 지지를 받은 사람이 과연 몇이나 될까. 또한 장차 우리가 부모가 되었을 때, 무조건적인 사랑과 지지를 내 아이에게 줄 수 있는 사람은 과연 또 몇이나 될까.

자식은 부모라는 껍질을 깨고 나와야 어른이 된다. 성장은 나의 부모가 나처럼 한낱 불완전한 인간임을 깨닫고 인정하는 것에서 시작된다. 부모와의 문제를 정면으로 마주하고 해결하지 못할 바에는 물리적으로 벗어나는 것 말고는 방법이 없다. 깔끔하게 포기하고 인생의 다음 단계로 넘어가야 한다. 가급적 빨리 정신적으로, 경제적으로 독립해서 부모 품을 벗어나는 것이 서로를 돕는 길이다.

심리적 거리를 두는 일은 완벽한 부모 자식 관계를 투사하여 그 기준에 미치지 못하는 자신들을 탓하지 않고 성인 대 성인, 인간 대 인간으로 서로를 대하며 의존 관계에서 벗어나는 것이다. 그렇게 내 손에서 놔 버려야 비로소 해결되기 시작하는 문제가 있다.

도저히 그렇게 하지 못하겠다며 계속 부모 이슈를 붙들고 산다면 어쩌면 내가 일부러 부모로부터 벗어나지 않으려는 게 아닌지 냉정하게 자문할 필요가 있다. 자신의 상처를 소중히 하려는 심리가 작동하는 것은 그 상처를 소중히 하지 않으면 그 외에 소중히 할 만한 게 별로 없어서 그럴지도 모른다. 사실상 그쯤 되면 그건 부모의 문제가 아니라 나의 문제인 것이다.

인생은 계속될지도 몰라

네가 내 곁을 떠난다 해도

"있잖아, 〈한겨레〉에서 칼럼을 연재하자는데……."

나는 소파에 누운 남편의 옆에 앉아 넌지시 말을 걸었다.

"어, 잘됐네. 주제가 뭔데?"

보던 책에서 눈을 떼지 않고 그가 대답했다.

"아, 그래서 말인데…… '내가 사랑한 남자들' 어때?"

그 말을 들은 남편이 미간을 찌푸리며 몸을 일으켜 세워 앉더니 한숨을 내쉬었다.

"역시 곤란할까? 좀 그렇지?"

나는 기가 죽었다. 아무리 그가 신문기자라는 같은 업종의 종사자라고 해도 아내가 과거에 사랑한 남자들에 대한 글을 신문 지면에 한 번도 아니고 여러 번에 걸쳐서 쓰면 남편이 부대끼겠지. 그런데 웬걸.

"내 말은, '내가 사랑한 남자들'이라고 주제를 잡

으면 그거 얼마나 쓰겠어? 쓸 수 있는 얘기에 한계가 있다구. 내가 사랑한 남자만 아니라 미워한 남자라거나 인상적인 남자라거나 등등 골고루 다양하게 다뤄야 반년이라도 버티지."

예상치 못한 반응에 나는 두 눈을 동그랗게 뜨며 그의 옆모습을 빤히 쳐다보았다.

"난 네가 뭘 쓰든 상관없어. 다만 내 얘기만은 쓰지 마. 이런 데다가 남편 얘기 쓰면서 '역시 남편을 사랑하네 어쩌네' 그러는 거 유치하거든."

사실대로 말하자면 '내가 사랑한 남자들'이라는 주제로도 반년은 족히 채워 쓸 수 있었지만 그의 조언을 따르는 바람에 연재는 1년을 훌쩍 넘기고도 남았다. 칼럼의 제목은 '남자들'로 정해졌고 내가 좋아했던 남자들에 대해 주로 썼지만 그의 조언대로 복잡한 감정과 생각을 불러일으켰던 기억 속의 남자들에 대해서도 자유로이 쓸 수 있었다.

주변의 유부남들은 자신들이 그 칼럼의 남자 주인공이라도 된 양 '남자들' 칼럼을 즐겁게 읽어주었다. 덧붙여 곧잘 칼럼을 보고 남편이 뭐라 하지 않더냐, 정색하지 않느냐며 남의 가정불화 가능성을 걱정해주었다. 나는 아마도 남편은 읽지 않을 거라고 대답했다. 사실 그간 내가 펴낸 책 중 그가 읽은 것은 당시엔 《엄마와 연애할 때》가 유일했다. 그거야 그가 세상에서 가장 사랑하는 두 여자에 관한 이야기니까 재밌을 수밖에 없던 것이고 그 외 나의 다른 글들은 자기 취향이 아니라서 읽지 않는다고 못 박았던 터였다.

"그럴 리 없지. 읽지 않는 척하면서 다 읽었을 거예요."

내가 그렇게 있는 그대로를 말해줘도 그 유부남들은 자신들의 추리를 확신하며 눈알을 굴려댔다. 대체 나보고 어쩌란 말인가. 어쨌거나 남편은 격주로 내 칼럼이 〈한겨레〉 매거진 esc면에 게재될 때마다 회사에서 그 지면만 쏙 빼서 구김 하나 없는 상태로 그다음 날 내 작업 책상 위에 사뿐히 올려놓고 출근하곤 했다. '읽지 않고 있다'를 어필하는 그만의 방식이었다.

예전에 프리랜서로서 일을 막 시작했을 무렵 집 밖에서 1살 연하의 일러스트레이터(남자)와 작업실을 1년간 같이 쓴 적이 있었다. 여태껏 나와 다섯 권의 책에 일러

스트 작업을 같이한 조성민 작가다(이 책에 수록된 프로필도 그렸다). 그러고 보니 그때도 주변의 유부남 아저씨들은 흥미진진한 눈빛을 띠며 "괜찮겠어요?"라고 걱정해줬다. 세상은 실로 배려심 깊은 한가한 아저씨들로 넘쳐난다.

그 걱정이 무슨 의미인지 몰랐다가 그로부터 1년 후 작업실에서 이사 나올 때, 차에 몇 안 되는 나의 소지품 박스를 허겁지겁 실어 나르는 남편의 몸놀림과 표정이 유난히 가벼운 걸 보고 아아, 닫힌 공간에서 또래의 이성과 하루 종일 같이 지낸다는 것은 그렇게 이해, 아니 오해될 수도 있겠구나, 하고 한발 뒤늦게 깨달았다.

봄에는 부쩍 '어떤 상대와 결혼해야 하냐'는 질문을 많이 받는다. 최적화된 상대란 없다. 결혼 생활을 통해 이 세상엔 내 남자, 내 여자란 존재할 수 없음을 깨닫고 체념했다. 사람을 소유할 수도 없고, 상대를 내 입맛대로 바꿀 수도 없고, 끊임없이 같은 깊이로 사랑할 수도 없다.

결혼이 인생에서 하나의 큰 획을 그어주면서 기분

전환이나 새로운 도전이 될 수는 있어도 행복을 보장해주진 않는다. 결혼은 동화책처럼 "그들은 그 후 영원히 행복하게 살았다"도 아니고 결혼 전 일상처럼 좋았다가 좋지 않았다가를 반복하는 지극히 '인간적인' 삶이다. 결혼을 해도 둘 다 여전히 불완전한 인간임에는 변함이 없으니까. 그래도 나는 서로를 좋아하는 두 사람이 할 수 있는 최대치의 애정 표현은 결혼이라 생각하고, 결혼을 하면서 다른 인간에 대해 깊이 이해하거나 내가 이해받으려고 노력한다는 면에서는 결혼이 꽤 의미 있는 행위라고 생각한다.

모든 것에 빛과 그림자가 있듯이 결혼에도 행복과 고통이 동전의 양면처럼 존재한다. 결혼을 하면 보이지 않던 여러 갈등 요소가 생기며 어두운 그림자의 부분을 끌어안을 인내심과 이해심이 중요해진다. 청혼하며 하는 "너를 행복하게 해줄게"라는 말은 그 순간에는 진심이겠지만 배우자 포함 그 어떤 가까운 인간관계도 나의 인생을, 나의 행복을, 내가 외롭지 않음을 보장해줄 수는 없다. 고독은 스스로 떠안고 처리해야만 할 것 같다.

남편과 내가 드물게 같이 좋아하는 더 비치 보이스The Beach Boys의 노래 〈God Only Knows〉는

> 어떤 경우라도 너를 사랑할 거라 말하지 못할지도 몰라
> I may not always love you

> 만약 네가 내 곁을 떠나간다 해도 인생은 계속되겠지
> If you should ever leave me though life would still go on believe me

라며 가장 가까운 관계에 있어서도 야멸차게 리얼리즘적 보류 조항을 달고 있는데 아아 정말, 만약 당신이 내 곁을 떠난다 해도, 인생은 계속될지도 모른다. 그렇다. 그토록 사랑했던, 오랜 시간을 같이했던 당신이 내 인생에서 사라진다고 해도 인생은 그럼에도 불구하고 계속 흘러간다. 서로를 사랑하는 두 사람에게 얽힌 진정한 슬픔과 아름다움은 바로 거기에 있는 것 같다. 우리는 그저 그렇게 한때 서로의 곁에 머물다 가는 것이

다. 그래서 그토록 너그럽고 관대하게 서로를 지켜봐 줄 수 있었나 보다.

현실 생활에서의 평등

직장인의 애환을 그린 만화 《미생》에서 가장 인상적인 장면은 가정생활과 직장 생활을 병행하는 것에 어려움을 느끼는 여자, 선 차장의 에피소드였다. 그녀는 회사에서는 없어서는 안 되는 유능한 인재지만 아직은 엄마의 손을 많이 필요로 하는 어린아이를 두고 있다. 그렇다고 회사를 그만두게 되면 가정의 전체 수입은 줄어들고 자신의 커리어는 단절된다. 하지만 아이에게는 그녀만이 유일한 엄마다. 선 차장은 저녁에 퇴근해서 남편한테 상의하기로 한다. 자, 이때 거실의 풍경.

남편은 소파에 편히 앉아 승진 시험 준비를 하고 있고 아내는 바닥에 철퍼덕 앉아 건조가 끝난 빨래를 개키고 있다. 퇴근을 하고 집에 와서 아내는 계속 가사 일을 해야만 한다. 이 장면이 주는 불쾌한 충격은, 이 모습이 실제로 우리가 현실에서 겪는 것을 얼마간 보여 주기 때문이다. 가사 분담의 문제는 우리가 머리로는 이론적인 성평등을 외치지만, 현실 생활 속에서는 여전히 삐걱대는 어려운 소재이다.

가사 분담 문제가 어려운 이유는, 내가 세상에서 가장 사랑하는 사람과 갈등 관계에 놓이기 때문이다. 갈등으로 마음이 고통스럽기보다 차라리 몸이 피곤한 게 낫겠다 싶어 많은 여자들은 '그냥 내가 하고 말지'라며 체념한다.

내 남편은 서른 중반 나이에 결혼하기 전까지 가사일에 손 하나 까딱하지 않았던 남자다. 위로 착한 누나 셋, 그리고 아들을 끔찍이 사랑하는 헌신적인 어머니와 아버지가 계시다. 반면 나는 고등학생 때부터 아르바이트로 생활비를 보태고 대학 이후로는 자취한 시절이 길었다. 이런 남자와 여자가 만나 부부의 연을 맺으면 어떤 그림이 그려지리라 쉽게 상상이 갈 것이다. 결혼 초반에 가사 분담의 문제로 부엌 테이블을 사이에 두고 밤을 새워서 싸우다가 곧장 출근하기도 했다. 그리고 싸움 횟수만큼 남자는 점점 더 가사일을 분담하게 되었다.

그가 자란 남아 선호적 환경을 고려해보면 지금 이만큼 가사 분담을 하는 게 감개무량하다. 그런데 여기서의 슬픔은 남편이 환골탈태해서 노력한들 그 수준은 내가 원하는 가사 분담의 기준을 충분히 만족시키지 못한다는 점에 있다. 물론 남편들 중엔 시키면 거부하고 하지 않거나, 꾸물거렸다가 투덜대며 하는 이들도 있다. 시키면 하라는 대로 해주는 남자는 양반이 아닐까? 한데 나는 그게 성에 차지 않는다.

"네가 하라는 대로 할게."

마님의 분부만 기다리겠다는 머슴 같은 대사가 그다지 기쁘지가 않다. 그 말의 행간에 스스로가 가사일에 대한 주인의식이 없음이 드러난다. 주도권이나 자발성, 책임을 갖지 않겠다는 얄미운 선언처럼도 들린다. 그러니까 자신은 어디까지나 '협조적인' 비관련자의 입장으로 남고 싶다는 거? 뭐 하나 시킬 때마다 사랑과 존중의 마음으로 '부탁'하고 일을 어설프게 끝내놓은 다음에도 반드시 '칭찬'해주는 것, 아, 이것 자체도 피곤한 일이다.

가사 분담에 대한 '파블로프의 개' 훈련을 반복하면서 그나마 한 가지 오해를 풀었던 것은 그가 '일부러'

나 몰라라 하는 것은 아니었다는 점이다. 내 남편 포함 많은 남자들은 '몰라서' 먼저 하지 않거나 '해야 된다'는 의식 자체가 자동 탑재되어 있지 않은 경우가 많다. 즉 그들 스스로가 태생적으로 깔끔한 결벽증 타입이 아닐 바에야 먼저 알아서 가사일을 처리해야겠다는 생각 따위가 머릿속에서 일어나지 않았다. 왜냐하면 그들은 그렇게 키워져왔으니까. 내가 가사일을 하며 피곤하다고 투덜대면 그는 안쓰러워하며 이렇게 위로했다.

"피곤해? 그럼 하지 마~."

이 말 한마디에 가사일에 대한 남자들의 기본 감각이 얼마나 근본적으로 마비되어 있는지를 확인할 수 있었다. 여자가 '피곤하고 힘들다'고 푸념하는 것을 번역하자면 '여보, 내가 지금 피곤하고 힘드니 이건 당신이 해'라는 말이다.

그런데 남자들은 '피곤하고 힘들다'를 곧이곧대로 '피곤하고 힘들다'로밖에 이해하지 못한다. 반면 여자들은 가사일을 '하지 않으면 안 되는 일'로 어느새 슬프게 체득하고 만다.

그런 전후 사정에 대한 센스가 없는 그들에게 당연히 같이 해야 하는 일인데 왜 내가 '부탁하듯' 말해야 하는지도 만만치 않게 화나는데 그래봤자 강아지 눈망울로 원망스레 나를 바라볼 뿐이다. 아내는 힘겨워하고 남편은 억울해하고.

하지만 내 개인적 경험을 비추어 말하자면 정말이지 남자들은 말을 해야만 알아듣는다. 악의가 없으므로 더 울화통이 터진다. 어쨌든 "곧 죽어도 가사일은 못 하겠다"라고 선언하는 남자가 아니라면 남은 일은 꾸준한 길들이기밖에는 없다. 처음 하는 생소한 모든 일에 그러하듯이. 여기서부터는 아내들의 인내심이 필요하다. 매번 일을 하나하나 시켜야 한다. 처음엔 행동이 굼뜨기 때문에 같은 말을 반복해야 한다. 하겠다고 해놓고선 잊어버리기도 하니, 속에서 열불이 터져도 화내지 말고 다시 무엇을 해달라고 재차 알려야 한다.

대부분의 남자들은 사랑의 마음이 우러나서라기보다 단지 아내한테 잔소리를 듣기 싫기 때문에 가사일을 하기 시작한다. 아내의 심기가 불편하면 본인도 불편하니까. 동시에 그들은 지시받고 조종당하는 기분을 싫어한다. 그래서 어떤 이들은 남자에게 일을 다 하면 칭찬을 꼭 해줘서 기분 좋게 해 다음에 또 하게 만들라는 '칭찬 요법'을 권하지만 나는 그렇게까지는 못 하겠다. 아니 하기 싫다! 가사일이 끝났을 때 아무도 그에 대한 고마움이나 고됨을 평해주지 않는 그 적적함과 허탈함을 너도 느껴봐야만 한다!

처음 일을 시키고 몇 차례 반복하면 하나의 습관이 만들어진다. 말을 굳이 부탁하듯 부드럽게 하지 않아도 아내가 어떤 일을 해야 한다고 주지시켜주면 남편은 그 일에 반자동적으로 착수한다. 경험이 더 쌓이면 이젠 문장이 아닌 단어 몇 마디, 눈에서 뿜어지는 빔 한 줄기로 자신이 뭘 해야 하는지 곧잘 알아듣게 된다.

어느덧 남편은 '이제 아내가 자신에게 일을 시킬 것인가'를 사전에 감지하기에 이른다. 이제는 어떤 '징조'가 보이면 내가 시키기 전에 "밥 먹고 내가 설거지할 테니까 놔둬~" 같은 선언을 먼저 함으로써 애처럼 칭찬을 바란다. 물론 나는 "그래~"라고 대꾸하지만 뚜껑을 덮어 반찬 통들을 냉장고에 집어넣는 것부터가 설거지임을 깨달을 날이 올 때까지 칭찬은 하고 싶지가 않다. 게다가 자신이 당연히 설거지를 하는 거라고 생각하면 그런 선언 자체를 하지 않을 것이다.

앞서도 말했지만 처음 가사일을 시킬 때 남편이 순순히 원하는 대로 따라주지 않으면 답답하거나 싸울까 봐 '에잇, 시키느니 내가 그냥 하고 말지' 싶겠지만 부디 그 순간의 불편함을 견뎌내주기를 바란다. 내 마음이 불편할 바에야 차라리 몸이 힘든 게 낫다고 생각해서 그 순간을 참지 못하면 시간이 지나 몸은 몸대로 마음은 마음대로 힘들어질 것이기 때문이다. 가사 분담은 한 가정에 대해 부부로서 책임을 함께 지는 문제이자 가정 자체가 불행해지는 것을 막기 위한 것이기에 내가 남편을 개선시키는 과정에서 일어날 수 있는 갈등을 두려워하지 말아야 한다.

가사 분담 때문에 몇 번의 갈등과 싸움을 겪다 보면 경제력을 가진 여자들은 가사도우미의 도움으로 문제를 해결하기도 한다. 그건 그것대로 효율적이지만 나는 다른 여성의 노동력을 빌려 쓰는 것에 대해 그다지 마음이 편치가 않다. 감정 노동하지 않으니 편하고 좋지만 근본적인 문제를 대면하지 않는 것 같아서다.

우리 가정은 남편과 나, 둘이 같이 구축한 세계다. 우리가 더럽힌 것, 먹는 것, 우리가 낳은 것, 모두 우리가 직접 앞가림과 뒷바라지를 해야 한다고 생각한다. 타인의 노동력을 빌리기보다 우리대로 효율성을 기해보기로 한다.

가사일을 최소화하고 불필요한 물건은 그때그때 다 버린다. 청소하기 가장 편한 도구를 구비한다. 기계가 도와줄 수 있는 부분은 기계의 힘을 적극 빌린다. 외식은 줄이되, 시간을 아끼기 위해 건강하게 만든 반찬들을 주문해서 먹는다. 매번 직접 차려 먹지 못한다고 해서 죄책감을 가지지 않고 사 먹더라도 건강식을 사 먹는다.

초기에는 가사일을 한번 시키는 게 그렇게 힘들어도, 가사 분담 문제로 불편하거나 싸웠다 해도, 가사 분담에 관한 소통 패턴을 만들면 어느새 점점 부부간의 자연스러운 협업 체제가 만들어져간다. 남편도 몸에 익어 점점 덜 버거워하고 가사일을 하면 할수록 보기보다 힘든 거구나, 를 통감하면서 그간 아내의 일방적인 수고를 미안해하고 자신이 더 해야 할 책임을 느낀다. 직접 해보지 않으면, 그것도 의무적으로 반복해보지 않으면, 그것이 보기보다 얼마나 고된 노동인지를 알 수가 없다.

 이제는 신경을 예민하게 곤두세울 필요 없이 도움이 필요할 때 남편에게 말하면 바로 한다. 시키지 않아도 설거지가 쌓여 있으면 알아서 말없이 치운다. 밥을 할 줄 알게 되었고 혼자 밥을 먹어야 할 때는 스스로 챙겨 먹을 줄 알며 분식 요리는 그가 도맡아 한다. 아직 내가 하는 가사의 양에는 미치지 못하지만 그가 처음 서 있던 장소에서 아주 멀리 걸어온 점만큼은 인정하고 싶고, 조직에 묶이지 않은 내가 시간을 좀 더 융통성 있게 써서 틈을 메꾸면 된다고 생각한다.

 평등의 모습이 항상 5 대 5일 필요는 없다. 어떨 때는 1 대 9일 수도, 3 대 7일 수도, 6 대 4일 수도, 8 대 2일 수도 있다. 그가 일로 늦으면 내가 집안일을 하면 되고 내가 컨디션 난조로 쉬면 그가 아이를 챙겨 먹이면 되었다.

 정말로 좋아하는 사람이라면 조금 더 했다고 손해 봤다며 억울해하지 않는다. 왜냐하면 그 반대의 경우로도 인생의 많은 날들을 채우게 될 테니까. 서로의 노고를 고마워하고 아무렇지도 않은 걸로 경시하지 않는 것, 그것을 받아들이기만 해도 많은 것들은 사랑으로 함께 해나갈 수 있다. 악처를 연기할 필요도, 현모양처로 무리할 필요도 없다. 인간적인 공정함과 낭만적인 관대함을 최선을 다해 양립해나가고 싶다. 우리는 그렇게 조금씩 더 나아질 것이다.

누구나 처음엔 낯선 사람

어느 날 저녁, 산책하러 아파트 앞 횡단보도를 건너는데 외국인 청년 둘이 내게 다가와 '도와줄 수 있겠냐'고 물었다. 무슨 일이냐 물으니 방금 전 택시에 카메라를 놓고 내렸다고. 나는 탑승 기록으로 택시 기사님에게 전화해서 사정을 설명했고, 택시가 다시 돌아올 때까지 그들과 같이 기다려주었다. 기다리는 동안 대화를 나눠보니 청년들은 베트남에서 왔고, 얼마 전 대학을 졸업하고 여행을 온 거라고 했다. 그리고 오늘이 한국 여행의 첫날. 관광지 인근이긴 하지만 엄연히 주택가인 이 동네엔 무슨 일로 왔냐고 물으니 맛집으로 알려진 식당에 일부러 멀리서 택시를 타고 찾아왔는데 막상 가보니 자리가 없었다고 했다. 탑승했던 택시가 다시 돌아와 카메라를 무사히 되찾은 후, 나는 원래 그들이 가려던 식당의 예산 수준과 비슷하면서 더 맛있는 식당까지 직접 데려다주었다. 청년들의 시무룩하고 근심 어린 표정은 어느덧 활짝 펴 있었다.

서촌으로 이사 와서는 이렇게 낯선 사람들이 도움을 요청하는 경험이 적지 않다.

✳

지난주엔 동네 거래 은행에 갔다가 창구 여자 행원의 안색이 좋지 않아 안부를 물으니 급체한 것 같다고 했다. 나는 그의 엄지와 검지 사이를 세게 지압하고 등을 마사지하는 등 응급처치를 하고, 아마도 자리를 비우기 힘들 그를 위해 근처 약국에 가서 소화제를 사다가 건네주고 나왔다.

✳

지지난주 화요일인가엔 상점 문들이 모두 닫힌 서촌 옥인동 골목에서 일본인 여자 여행객 둘이 망연자실해하며 어쩔 줄 몰라 하길래 "이 동네는 주로 화요일에 가게들이 문을 닫는다"고 말해주고 대신 '수성동계곡'

으로 안내해줬다. 두 사람은 "시끌벅적한 관광 명소들만 돌아다니다가 이렇게 호젓한 장소에 와서 너무 좋다"며 행복한 표정으로 산책을 즐겼다.

✻

그전에 한번은 서울경찰청 앞을 지나가다가 원피스 뒤 지퍼에 문제가 생겼는데 손이 안 닿아서 곤란해하는 한 여자분에게 도움을 주었다.

✻

이런 맥락 없는 얘기들을 늘어놓는 것은 내가 친절한 사람이라는 말을 하기 위해서가 아니다. 부담 없이 누군가에게 도움을 주는 일은 참 좋고 기쁜 일이라는 것. 지금 우리 가까이에 있는 모든 사람들은 누구나 처음엔 낯선 사람이었다는 것.

그때 만난 베트남 청년 중 한 명인 팸Pham에게 나는 소셜미디어 계정으로 작은 메시지를 남겼다.

아까 그 장소에 때마침 내가 있어 너를 도울 수 있게 되어서 참 기뻐. 친구와 함께 한국에서 즐거운 여행이 되길 바랄게. 실은 나도 너처럼 20대 때 처음 베트남을 여행했고 그때 깊은 인상을 받았었어! 다시 한번 대학 졸업을 축하하고 앞으로의 날들을 축복할게!

메시지를 받은 그는 "막막했던 그때 당신을 만날 수 있어서 운이 좋았다고, 언젠가 베트남에서 또 만날 수 있기를 바란다"며 다정하고 예의 바르게 회신을 남겨주었다.

*

기억은 1990년대 말로 거슬러 올라갔다. 당시 부모님은 베트남 하노이에 공무로 체류하고 있었고 나는 절친한 친구와 함께 부모님을 뵈러 처음 베트남을 방문했다. 국가 간 수교는 되어 있었지만 그때는 지금과는 달리 한국인의 베트남 여행이 아직 자유롭지 못한 시절이었다. 우리는 대부분의 외출을 부모님과 함께 하거나, '안전한' 관광 명소 정도로만 국한해서 다녔는데 어느 날 갑갑해진 친구와 나는 현지인들 전용 재래시장으로 슬그머니 들어가 구경을 하다 우리가 한국인인 걸 알게 된 한 상인 할머니에게 욕설과 함께 물벼락을 맞았다. 순간 깜짝 놀랐지만 희한하게도 기분이 나쁘거나 억울하지는 않았다. 베트남전쟁에서 한국이 어떤 입장을 취했는지 알고 있었기 때문이리라.

베트남 청년에게 언급했던 '깊은 인상'이란 바로 그 상황이었다. 당시 내가 느낀 베트남 사람들의 자부심과 돈을 쓰는 외국인에게 결코 잘 보일 이유가 없다는 듯한 꼿꼿함은 다른 동남아시아 국가에서 쉽게 보지 못한 강한 인상을 남겼고 대단하다고 느꼈다. 그날의 경험은 훗날 베트남전쟁에서 한국군이 민간인 마을에서 취한 슬픈 행동에 대한 공부로 이어졌다. 우연히 만난 베트남 청년들을 향한 약간의 친절은 아마도 그때 찬물 세례를 받고 느낀 조용한 깨달음에 대한 고마움 때문일지도 모른다.

그러고 보니 위에서 언급한 일련의 '친절'도 실은 단순한 친절 너머의 원인이 있었던 것 같다. 나 역시도 오랜 시간 앉아서 생각을 쥐어짜는 일을 하다 보니 걸핏하면 체기를 달고 살았다. 급체의 괴로움과 해결책을 그 누구보다도 잘 알기에 도우려는 행동이 절로 나왔다. 외국 여행을 다니다가 길을 헤매거나 답답한 상황에 처할 때마다 나는 현지 주민들의 도움을 받아왔다. 하물며 어릴 적 미아가 되었을 때도 부모님이 찾으러 올 때까지 한 여자분이 나를 반나절 넘게 돌보아주었다. 평소 치마를 전혀 입지 않으니 치마 지퍼 문제는 없었지만 화장실에서 갑자기 곤란했던 적, 여자라면 누구나 한 번쯤 있지 않은지. 그때마다 단지 '같은 여자라는 이유만으로' 모르는 여자들과 필요한 물건을 서로 나눴다.

누구나 처음엔 낯설어도 어떤 마음들은 연결되고 전달된다.

목수와의 하루

거실에 놓을 커다란 나무 테이블을 큰마음 먹고 사기로 했다. 집에서 원고 작업을 할 때 쓸 요량이었다. 가구는 한번 들이면 쉽게 물리지 못한다. 비싸기도 해서 한번 사면 오래 쓸 수 있는 좋은 재질의 물건이어야 한다.

공산품보다 목수나 가구 디자이너가 직접 만든 세상에서 단 하나밖에 없는 나무 테이블을 원했다. 집요한 검색 끝에 네 군데의 가구 스튜디오를 골랐다. 원목으로 만든 제품이기 때문에 나무의 결과 재질, 무늬 등이 하나하나 다 다를 수밖에 없어서 직접 발품을 팔아 가구를 보러 다니는 수밖에 없었다.

아담한 가구 쇼룸 형태로 된 두 군데를 먼저 돌고 두 군데만을 남겨두고 있었다. 그중 한 곳, 주소대로 찾아가니 가구 전시장처럼 생긴 곳은 보이지가 않았다. 간판조차 없었다. 물어보려고 문이 반쯤 열려 있던 가게에 고개를 들이밀었더니 가구 공방이었다. 제대로 찾아온 것이다.

정신없이 나무에 톱질을 하던, 낡은 티셔츠 차림에 목수건을 두른 두 남자가 보였다. 최근에 만든 나무 테이블들이 한쪽에 겹겹이 세워져 있었다. 나무의 결들은 자연 그대로의 힘찬 아름다움을 고이 간직하고 있었다.

목수들은 손님이 들어온 줄도 모르고 원목을 치수에 맞게 자르느라 여념이 없었다. 작업을 방해하지 말고 조용히 나갈까 하던 찰나 그들이 눈치를 챘다. 그러고는 하던 일을 멈추고 나와 내 친구를 응대했다. 과도하게 친절하지도, 억지 미소를 짓지도 않았다. 그저 담담하게 시간을 들여 나무 테이블을 관찰하고 만져볼 기회를 주었다. '우리 제품이 좋다'거나 '우리 제품이 왜 다른 제품들에 비해 더 좋은지'에 대해 거론도 하지 않았다. 다만 '나무'에 대해 많은 것을 가르쳐주었다. 어떤 종류의 나무로 테이블을 만들고 각 나무마다 테이블로 만들었을 때 어떤 장단점이 있는지를. 단순히 눈으로 보기에 예쁜 나무 테이블만을 염두에 두고 온 나로서는 무척 도움이 되는 지식이었다. 더 자세한 내용을 이것저것 캐물어도 귀찮아하기는커녕 더 신이 나서 알려주었다.

"손님, 공부 많이 하고 오셨네요."

그들은 질문을 많이 하는 모범적인 소비자라며 나를 기특해했다. 한 사람 한 사람의 고객이 자신에게 맞는 물건을 잘 고르기를 진심으로 바라는 것 같았다. 아니 단순히 물건을 고르는 게 아닌, 제대로 된 인연을 만나게 되길 바랐다. 오랜 기간, 매일매일 곁에 두고 보면서 같이 살아야 하기에 가구는 인연이라고 할 만했다.

직접적인 장사와는 별 관련 없는 나무에 대한 이야기를 해주는 순수하고 선량한 마음이 조금은 신기하기도 해서, 음흉하게 슬그머니 말을 흘렸다.

"오늘 몇 군데 다른 가구점에도 발품을 팔고 있었어요."

그들은 그런 말을 들어도 표정 하나 바뀌지 않았다. 경쟁심을 느끼며 조급해하거나 기분 나빠 하기는커녕 해맑게 미소 지었다.

"아, 그래요? 정말 잘하시는 거예요. 가구는 적당히 타협하지 말고 진짜 이것저것 많이 본 다음에 신중하게 골라야 해요. 그래야 자기한테 딱 맞는 짝을 찾을 수 있어요."

당장 살 것도 아니면서 여기저기 들쑤시고 다니는 행동을 나무라기는커녕 도리어 칭찬을 받았다. 나는 한층 더 사악해졌다.

"인터넷으로 여러 군데 검색하다 보니 여기 가구 디자인 스타일과 비슷한 곳도 있더라고요. 이제 마지막으로 거기에 가보려고요."

이쯤 말했으면 '우리 것이 이래서 낫다' '거기까지 갈 필요 없다'며 경쟁심과 조바심을 느끼거나 붙잡아줄 만도 한데, 목수 한 분이 이번에도 태연하게 미소 지으며 대답했다.

"아, 거기요! 솔직히 말씀드리면 저 개인적으론 그 집 제품을 굉장히 좋아해요. 음…… 제 느낌으로는 손님도 분명히 그 집 가구가 마음에 드실 거예요. 거기는 정말 꼭 한번 가보시고 나서 결정하셔야 해요."

이거야 원 장사를 할 마음이 있는지 없는지, 아예 다른 집 물건을 사라고 부추기는 꼴이었다. 뭐랄까 등 떠밀리듯이 마지막 가구점에 가보는 수밖에 없었다. 목수분들의 인간미가 너무 좋아서 웬만하면 그곳의 나무 테이블을 팔아드리고 싶었는데……. 그런데 막상 마지막 가구점에 다다르자 나는 깜짝 놀라고 말았다. 그들의 예언대로 더없이 마음에 꼭 드는 나무 테이블을 만나게 된 것이다. 한눈에 반하게 된 나는 한 치의 망설임도 없이 사기로 결정했다. 비용을 지불하고 가게를 나와서야 아까 전 그들이 한 말이 생각났다. 고마우면서도 미안했다.

어떤 물건을 살 때도 느껴보지 못한 독특한 경험이었다. 대부분은 자기들 물건이 경쟁사 제품보다 낫다고 어떻게든 나를 설득하려 했다. 제품에 대해 꼬치꼬치 캐물으면 설명하기 귀찮아하는 표정이 역력했다. 다른 가게 정보를 알고 있어도 일부러 가르쳐주지 않았다.
  하지만 그 공방의 목수들은 다른 이들이 만든 가구에 대한 칭찬과 추천을 아끼지 않았다. 그들 스스로도 자신이 만들어내는 작품들에 대한 편안한 자부심이 있었기에 가능한 것이 아닐까? 그에 비하면 사람들의 느낌이 참 좋아서 웬만하면 그 집 물건을 사주고 싶다던 나의 마음은 소비자의 불순한 오만 같다는 생각이 들었다.

나무라는 자연을 일상적으로 만지고 살면 그들처럼 '자연'으로 돌아갈 수 있을까. 조금 더 관대하고 너그러워질 수 있을까. 장사꾼이 아닌 장인이 가진 삶의 태도에 많은 것을 느끼고 배웠던, 마음이 충만했던 하루였다.

'그 누구보다도
나에게 진실하고 싶다'

―――――――――――――――――――

정직함

3부

인간관계 마주하기

나이가 들수록 가만히 있어도 삶의 무게는 무거워지니 가급적 많은 것을 단순화시키고 깃털처럼 가볍게 해야 할 것 같다. 살아가는 방식에 여분의 군더더기가 없을수록 자유롭다. 특히 그중에도 인간관계가 자유로워야 한다. 인간관계에 있어서 맨 먼저 할 일은 '나는 누구로부터 사랑받고 싶은가, 나는 누구를 사랑할 것인가'를 가려내는 일인 것 같다. 자칫 편협하게 들릴 수 있지만 이것으로 '내가 있어야 할 장소'나 '내가 가지고 가야 할 인간관계'를 우선적으로 챙긴다. 밀물과 썰물을 거쳐 여전히 내 곁을 지키고 있는 그 사람들이야말로 지금의 '내 사람들'인 것이다.

좋은 인간관계에 대해 생각해본다. 나는 누가 좋을 때 그저 그 사람이 이 세상에 나와 같은 시대에 존재해주는 것만으로도 고맙고 기쁘다. 무엇을 해줘야 한다거나 얼마큼 자주 보고 함께 무엇을 같이해야 한다는 당위에는 별로 관심이 없다. 나는 그저 그 사람이 좋고 그 사람이 행복하기를 바라게 된다. 관계에서 그 사람의 존재 자체가 주는 기쁨이 가장 크려면, 나는 정서적으로 독립해야 할 것이다. 좋아하는 사람을 보노라면 나도 분발해서 좀 더 나은 사람이 되고 싶어진다.

홀로서기를 두려워하는 이들에겐 이것이 쉽지 않다. 파괴적인 관계임에도 불구하고 외로움과 소외감이 두려워 뻗쳐 오는 손을 덥석 잡는다. 착취당하는 인간관계에 한번 익숙해지면 빠져나오기가 어렵다. 혼자서 잘 서 있을 수 있어야 타인과 함께 있을 때도 더 좋은 관계를 맺을 수 있고, 마음이 통하지도 않는 누군가로 공허함을 가짜로 채우기보단 차라리 그 비어 있는 시간들을 있는 그대로 직면하는 것이 낫다. 그래야 앞으로 어떤 사람들과 있어야 진정으로 나답고 편안할지를 감지할 수 있기 때문이다.

인간관계를 가급적이면 '관리'하지 않고 살았으면 좋겠다. 내가 나다울 수 있는 인간관계를 제외하고는 부

더 놔줄 수 있었으면 좋겠다. 객관적으로는 너무 좋은 사람이지만 나랑은 맞지 않는 사람, 그것도 누구의 잘못도 아니다. 관계는 화학작용이다. 이 사람 앞에서는 내 본연의 모습을 보일 수 있는데 저 사람 앞에서는 자꾸 나답지 않게 어색해지고 같이 있으면 불편하다. 저 사람 앞에서는 아무 말 하지 않아도 그저 좋고 편한데 이 사람 앞에서는 마음에도 없는 말을 하면서 어느새 거짓 웃음을 짓고 있다. 아무리 그 사람이 객관적으로 좋은 사람이고 나한테 잘해준다고 해도 그 사람과 같이 있을 때 특정하게 반응하는 내 모습이 뭔가 불편하고 마음에 들지 않는다면, 그 관계는 희망이 없어 보인다. 이렇게 객관적으로 너무나 괜찮은 사람이지만 도저히 좋아할 수 없는 사람이 있는가 하면, 객관적으로는 하나도 괜찮지 않은데도 도저히 좋아하지 않을 도리가 없는 사람이 있다. 이런 부조리함은 그것대로 낭만적인 일이 아닐까 싶다.

한편, 친구의 친구가 반드시 내 친구가 될 거라는 보장은 없다. 알고 보니 내가 아주 좋아하는 사람과 내가 아주 싫어하는 사람이 아주 친한 사이임을 발견하고 당황하는 경우도 많다.

"네가 왜 그런 애랑 친하게 지내지?"

유치한 걸 알면서도 원망하고 싶다. 내가 싫어하는, 나에게 상처를 준 저 사람과 제발 친하게 지내지 말아 달라, 너는 저 사람이 알고 보면 얼마나 잔인한 사람인지 몰라서 그래, 너도 곧 나처럼 당할지도 몰라, 라고 타이르고 싶어진다. 기분이 좋지 않아도, 그것은 그들의 관계. 우정을 빌미로 개입하거나 심적인 부담을 줄 권리는 없다. 그저 그 사람과 나의 어긋난 화학작용이었을 뿐. 이럴 때, 브라질 출신의 소설가 파울로 코엘료가 한 말은 위로가 된다.

> 모든 사람들이 당신을 다 좋아한다고 하면 당신에게 무슨 문제가 있을 것이다. 당신은 모두를 기쁘게 할 수는 없다.
> If everybody loves you, something is wrong. You can't please everybody.

제한된 인생의 시간 속에서 내가 정말로 좋아하는 사람들을 좋아하는 데에 시간과 마음을 더 쏠 수 있었으면 좋겠다.

＊

사람들이 잘 믿어주지 않지만 나는 내성적이고 수줍음을 잘 탄다. 사교적이거나 주목을 받는 인기 많은 사람이 되는 것은 꿈꾸어본 적도 없다. 남들이 단체로 어울려 다니며 신나게 놀 때 나는 주로 1 대 1의 인간관계가 주는 조용한 친밀감에 편안함을 느끼며 성장해왔다. 원래 달변도 아니었지만 같이 있는 사람들이 세 명을 넘어가면 말수가 절로 줄어들었다.

그렇다 보니 나 역시도 살면서 이래저래 인간관계로 인한 스트레스를 받았다. 예민하다 보니 누가 나와 맞고 맞지 않고 누가 나를 좋아하고 좋아하지 않고를 너무 빨리 직관으로 알아챘다. 내가 좋아하지도 않은 사람이 나를 싫어하는 것은 또 견디지 못해서 별로 좋아하지도 않은 사람들에게 잘 보이려고 애쓰던 나의 모습은, 얼굴이 화끈거리는 지난날의 슬픈 초상이다.

한데 서른 중반을 넘어서부터 예전만큼 인간관계 스트

레스를 받지 않게 되었다. 왜 그럴까 생각해보았다. 그 사이 인격적으로 훌륭해져서는 물론 아니고, 우선 나이가 들면서 체력이 떨어진 것이 영향을 미쳤다. 누군가를 싫어하는 감정은 엄청난 에너지를 소모시킬 뿐만 아니라 물리적으로 건강을 해쳤다. 내가 감당할 수 있는 감정의 한계가 파악이 되어 불필요한 감정 소모가 없어진 것이다. 글 쓰는 프리랜서라 혼자 있는 시간이 많아져 자연스레 사람들과 부딪칠 일이 없어진 것도 이유 중 하나일 것이다. 대부분 이메일로 일을 협의하니 얼굴 보고 다툴 일도 잘 없다. 무엇보다도 결정적인 이유는 다년간 사람들과 부대끼면서 인간관계로 인한 스트레스에 대처하는 나만의 요령이 생겼기 때문이다.

스트레스를 주는 인간관계 문제들에 대해 다음의 세 가지 방식으로 대응했다.

1. 정면 돌파
2. 피하기
3. 놔주기

첫째, '정면 돌파'는 쉽게 갈라서지 못하는 관계에 적용된다. 서로의 장례식에 가서 복잡한 마음으로 눈물을 흘리게 될 사람들. 어쨌거나 평생 내 삶 속에 안고 가야만 하는 관계들. 가령 부부나 연인, 부모 자식 관계, 그리고 절친한 친구들.

이들에게는 애먼 기대를 가져 혼자 낙담하거나 실망하는 대신 진짜 중요하다고 생각하는 문제에 대해서는 솔직하게 털어놓고 원하는 바를 말했다. 기대에 부응해줄지는 알 수 없지만 모호한 부분은 최대한 짚고 넘어간다. 타협점을 찾지 못하면 다른 대안인 피하기나 놔주기로 넘겨야겠지만 그래도 끝까지 최선을 다한다. 실패한다 해도 최선을 다해보지 않으면 미련이 남을 것 같아서.

둘째, '피하기'는 투명한 호감 외의 목적을 가지고 접근하는 사람들에 대해 취하는 행동이다. 상대가 자신의 자존감, 불안, 현시욕이나 도덕적 우월감, 망상을 충족시키기 위해 나에게 다가올 때, 인간관계 맺음은 그에게 하나의 도구에 불과하다. 첫인상이 사근사근해서 가까워지기 쉽지만 어느덧 께름칙한 느낌과 함께 그

만남에서 기가 빨리는 느낌을 받는다. 그럴 때는 말없이 피할 수밖에 없다. '인간관계에는 노력이 필요하다'라는 조언이 있는데, 어떤 관계는 서로를 위해 내가 먼저 피해주는 것이 노력이 된다. 그들은 어쨌거나 자기 자신에게밖에는 관심이 없으니까.

마지막으로는 '놔주기'가 있다. 인간관계는 저마다의 생로병사 운명이 있어서 친밀한 관계여도 자연 소멸하거나 서먹해질 수가 있다. 이때 자연스럽게 흘려보내고, 애매한 채로 놔둘 수 있는 용기가 필요하다. 왜 자연 소멸이 될까? 아마도 두 사람은 서로에게 충분히 매료되지 않았거나 그 관계에서 둘 중 누군가는 무리하고 있었을 것이다.

 예전에는 왜 이렇게 멀어졌을까 분석하고 시시비비를 가리거나 그 관계의 끈을 다시 이어보려고 애썼는데 돌이켜보면 그것은 단지 그 관계에서 내가 부족하거나 나쁜 사람이 아님을 입증하고 싶었던 것뿐이었다.

불편한 인간관계를 견뎌내야 할 이유는 없다. 당장은

마음에 부담을 느끼지만 한번 관계를 자연스럽게 놓아버린 다음 얼마간의 시간이 흐르면 피차 홀가분해할지도 모른다. 둘 사이에 일부러 거론하지 않는 갈등이 있다면 그 갈등을 잠시 가만히 둬보기로 한다. 시간이 지나야 비로소 자연스레 이해되고 용서되는 것들이 있다. 갈 사람은 가고 돌아올 사람은 분명히 다시 돌아온다. 관계의 상실을 인정할 용기가 있다면 어느덧 관계는 재생되어 있기도 하다. 이러한 관계의 자연스러운 생로병사를 나는 긍정한다.

우리는 사랑일까 현실일까

여자들은 결혼을 생각할 때가 되면 이 질문을 던진다.

"이 남자, 괜찮을까요?"

이 질문은 대개 내가 상대방을 좋아하긴 하는데 그의 조건이 석연치 않을 때 나오는 대사다. '경제력으로 결혼 상대를 결정할 만큼 난 야박하지 않지만, 내가 어쩌다 사랑하게 된 그 남자가 알고 보니 그냥저냥 사는 남자였으면 좋겠다'라는 뜻이다. 여기서 '그냥저냥 사는'은, 내 부모님의 경제적 상황 정도, 혹은 우리 집보다 더 잘살더라도 그걸 빌미로 유세를 부릴 정도는 아닌 적당한 사회경제적 차이를 말한다. 이것은 대다수 여자들이 연애하면서 품는 속내일 것이다. 다시 말하면 그녀들의 가장 큰 두려움은 결혼으로 삶의 질이 지금보다 떨어지는 것이다. 현상 유지는 해야겠다는 것이다.

어쩌다, 그런데 내가 사랑하는 그 남자, '최소한의

현상 유지'가 힘들 듯한데, 골치 아파지기 전에 미리 발을 빼는 게 안전할까? 그러나 그건 아무도 알 수 없다. 그러니 자신의 선택에 대해 확신을 심어줄 다른 사람의 의견을 듣고 싶어 하는 것이다. '네 마음대로 하시라'고 해봤자 그녀들은 '제 마음'을 잘 모른다. 그러고선 엉뚱한 제3자에게 "이 정도면 괜찮은가요?"라고 묻는다. 그런데 사랑이냐 현실이냐, 그것은 사실 중요하지 않다. 개개인의 자유다. 어느 쪽을 택하는 것이 올바른지가 중요한 게 아니라 어느 쪽도 '자율적으로' 선택하지 못하는 것이 문제일 뿐이다. '이 남자가 괜찮냐'는 질문의 포커스는 결국 '그'가 아니라 '나'일 뿐이다. 다시 말해 이것은 '상대의' 문제가 아니라 '나'의 문제인 것이다.

'이만하면 괜찮은 남자'의 기준은 뭘까? 애정의 깊이, 성격, 지성, 외모, 학력, 경제력, 자상함, 집안, 성적 능력……. 사람마다 '괜찮음'의 기준은 천차만별이고 각자가 원하는 정도도 다르다. 괜찮은 남자라는 건 결국 '나에게 있어서' 괜찮은 남자를 의미할 뿐이다. 그리고 남자를 판별 짓는 가치들 중 그 어떤 것을 우선적인 가치로 볼지는 오로지 나만이 결정할 수 있다.

보통 앞의 조건들 중에서 '애정의 깊이'라고 하면 진정성이 있어 보이고 '경제력'이라고 하면 속물처럼 보일 것이다. 그 어떤 조건을 욕망하든 그것은 개인의 자유다.

'사랑파'냐 '현실파'냐가 중요한 게 아니다. 나쁜 것은 내가 뭘 원하는지, 어떤 가치가 내 인생을 행복하게 하는지 모르는 것이다. 독립적인 의사 결정이 어색한 것은 여태 그 나이가 되도록 자기 가치관의 우선순위를 명확히 알지 못해서 그렇다. 자신이 뭘 원하는지, 무엇을 필요로 하는지, 스스로의 욕망에 무지하다 보니 그 어느 것도 우선순위가 모호해질 수밖에. 자신의 우선순위를 알려면 평소 내 마음의 소리를 듣는 훈련을 해야 하는데 주변에 휘둘리다 보면 정작 내가 인생에서 무엇을 원하는지조차 모르게 된다.

'로맨스도 필요하고 안온함도 포기 못 해'식으로 이것저것 다 원하다가 이것도 저것도 다 어정쩡하게 타협하는 식의 결혼을 해버린 그녀들이 결혼 후 펼치는 불평불만과 자기 연민을 많이 목격했다. 그럴 거면 차라리 경제력이든 사랑이든, 자신이 원하는 것을 알고 솔직히 인정할 줄 아는 여자가 낫다고 생각한다. 원하는 걸 정확히 알면 얻기가 더 쉽고 나름대로 만족하며 살 수 있고 무엇보다도 함께 사는 상대를 불행하게 만들지는 않을 테니까.

"사랑의 힘으로 현실의 난관을 극복할 수 있을까요?"

마음은 '사랑파'이지만 머리로는 그의 현실적 결핍, 혹은 나보다 못해 보이는 어떤 조건들을 차마 무시하지 못하는 눈빛으로 묻는 여자들이 많다. 언제까지 '이것만 빼면 참 괜찮은 사람인데'라며 발만 동동 구르고 있을 것인가. 그걸 타인에게 물어서 무엇을 얻을 수 있을까. 그보다는 스스로에게 그 질문을 던져봐야 할 것이다. 사실 내가 제일 중요하다, 내가.

가령 여자가 소위 말하는 가난한 남자를 선택하는 사치를 부리려면 경제적으로 자립해 있어야 한다. 남자가 돈을 벌지 못하면 내가 벌어서 그 사람을 먹여 살려야겠다는 마음이 담담하게 우러날 수 있어야 한다. '남자라면 막노동이라도 해서 처자식 먹여 살려야 해요'라며 남편의 벌이가 작은 건 용서되지만 여자인 내가 혼자 벌어오는 모양새는 싫다고 생각하면, 경제적 여건이 내 성에 차지 않는 남자와의 결혼은 관두는 게 좋을 것 같다.

이 남자가 나를 행복하게 해줄 수 있을까요, 를 묻기보다 내가 이 남자를 행복하게 해주고 싶은지, 해줄 수 있을지를 스스로에게 물어볼 수 있을까? 만약 돈이 문제라면 그 돈, 내가 벌겠다는 생각을 할 수 있을까?

몸이 그대를 거부하면 몸을 초월하라

이 책을 쓰는 동안 나는 다섯 번째 갑상선암 수술을 받게 되었다. 네 번째 재발, 이번에는 목 오른쪽 임파선이다.

주변의 많은 사람들이 위로와 격려를 보내고, 가족들은 애틋한 눈빛으로 나를 보며, 아이는 '엄마를 사랑한다'고 말하고 남편은 갑자기 가사일을 더욱 적극적으로 한다. 가장이라는 호칭을 좋아하는 남편은 가족이 힘을 모아 이 역경을 함께 이겨내야 한다고도 비장하게 말한다.

어찌 되었든 사람들은 나에게 친절하다. 나는 일시적으로 흐뭇하고 우쭐한 마음을 느낀다. 아, 나는 사랑받는 소중한 존재야, 라고.

하지만 나는 이미 몇 차례의 경험을 통해 알고 있다. 사람들은 이내 나에게 주었던 관심을 거두고 자신이 살아가는 인생에 집중하게 될 거라는 것을. 기왕이면 밝고 재미있고 즐거운 일에 눈을 돌릴 거라는 것을. 수술이 끝나고 시간이 조금 지나면 다시 우리 집도 비일상에서 일상으로 돌아가리라는 것을. 내가 다시 원래의 내 몫을 하는 것이 당연하게 여겨질 것이고 아이와 남편도 나에게 예전만큼을 바라리라는 것을. 관계가 덜 감상적이고 덜 애틋해질 거라는 것을. 내가 수술 후에도 오래 몸져 누워 있으면 내심 불편해할 것을. 내가 없는 사이 내 가족들은 여지없이 그들의 바쁘고 소소한 일상을 각자 잘 살아왔다는 것을.

우리가 함께하는 것, 서로 사랑하는 것도 진실이지만 동시에 제 삶의 무게는 혼자서 짊어진다는 것도 진실이다.

"기억나니? 너 결혼하고 나서 처음 수술받을 때 수술실 들어가면서 나한테 '오빠, 내가 혹시 수술받다가 죽으면 내 돈 오빠가 다 가져' 했던 거."

남편이 감상에 젖어 말하는데 미안하지만 기억이 하나도 나지 않는다. 그 대신 지난 네 번의 전신마취 수술에서 가장 명징하게 남아 있는 영상은 수술실의 눈부신 조명 아래에 몸뚱이 하나로 누워 있는 나를 의료진들이 둘러싼 가운데 서서히 마취제의 기운을 느껴가며 정신이 몽롱해지는, 나의 모습이었다. 유사 죽음 상태를 맞이하면서 나는 절대적으로 '혼자'임을 통감했다.

그런데 그 순간 느꼈던 절대적인 고독감이 싫지 않았다. 마음이 맑아지면서 내가 완전히 나만의 것이라는 해방감과 평온함이 있었다. 고독감에 침잠하고 싶다는 욕망은 그 고독이 영원하지 않으리라는 믿음이 있기에 부리는 허세일 수도 있겠지만.

"여보, 난 솔직히 입원 생활 하는 것도 아주 싫지가 않네. 너무 아프지만 않는다면."

무슨 말인지 알아듣는 남편은 피식 미소를 날리지만 초등학생 딸은 당황해한다.

"병원에 입원하는 게 왜 좋아? 엄마는 우리랑 있는 게 싫어?"

"아니 싫지 않지. 하지만 엄마도 가끔은 그냥 혼자 조용히 있고 싶어."

진심을 내뱉은 순간, 딸에게 상처를 준 것을 깨닫고 후회한다. 딸아이는 자기나 아빠와 함께 있기보다 엄마가 혼자 지내고 싶어 하는 때가 있다는 것을 알고 놀람과 동시에 진심으로 슬퍼한다. 지금은 한순간이라도 엄마와 함께 더 있고 싶어 하는 때니까.

병원에서 수술받고 회복하며 홀로 누워 있는 시간을 가족들과 같이 있는 시간보다 더 바라는 심리는 무엇일까 생각해본다.

친분이 있는 어떤 소설가는 얼마 전 자전거를 타고 가다가 자동차와 충돌해서 사고가 났다. 몸이 자전거에서 튕겨져나가 붕 떠서 바닥으로 떨어지는 그 순간까지의 몇 초간을 그는 생생히 기억했다. 그러면서 119 응급차에 실려 가는 동안 육체적 고통을 호소하거나 골절을 걱정하기보다 '아, 이젠 교통사고에 대한 묘사는 잘할 자신이 있다'며 흐뭇해했다고 한다. 그 이야기를 들으며 나는 절로 고개를 끄덕였다.

글을 쓰는 일은 건강에도 썩 좋지 않고, 평균적으로 돈벌이에도 그다지 도움이 되지 않으며, 성격은 말할 것도 없이 점점 괴팍해져가지만 다행히 한 가지 구원이 있다. 이렇게 모든 고통과 슬픔과 사건 사고에서도 무언가를 '건진다'. 혼자라는 느낌이 들 때, 고독이 뼛속 깊이 사무칠 때, 무언가를 상실했을 때, 고통의 감정은 내 안의 여러 생각과 감정을 미친 듯이 자극시킨다. 비관으로 무너져 내리기보다 이 느낌이 사라지기 전에 어서 글로 표현하고 싶은 충동을 느낀다. 고통은 어떤 형태로든 창작의 원천이 되어준다. 어쩌면 병실에서 나는 그런 시간을 갈망했을지도 모른다.

한 여성이 마음의 상처를 치유하기 위해 수천 킬로미터를 걷는 혹독한 여정을 그린 영화 〈와일드〉를 보면 에밀리 디킨슨의 다음 구절이 등장한다.

> 몸이 그대를 거부하면, 몸을 초월하라.
> If your Nerve, deny you / Go above your Nerve.

어떤 불행이 닥쳤을 때 저마다 그 고통을 초월하는 방식이 있다. 어떤 사람에겐 종교가, 어떤 사람에겐 가족의 사랑이, 어떤 사람에겐 쾌락의 탐닉이. 그렇다면 글을 쓰는 사람은? 바로 글을 쓰는 것으로 그 고통을 초월하려 한다.

사람의 몸만큼 정직한 건 없고 사람의 마음만큼 조작 가능한 것도 없는 것 같다.

한결같은 사람들

옥수동에는 평지가 별로 없다. 매봉산과 한강 사이에 비스듬히 끼어 있는 울퉁불퉁한 작은 동네. 지형적 조건이 썩 좋지 않아 상권이 활발하게 형성되기 힘든 동네다. 처음 이사 오고 한동안은 집 근처에 변변한 카페 하나 없었다.

그러던 어느 날 보니 내가 사는 아파트 단지 길 건너 언덕길에 카페 하나가 공사를 하고 있었다. 꽤 가파른 경사를 스무 걸음 정도 올라가야 해서 과연 접근성이 낮은 저곳에서 커피 장사가 될까 싶었다. 그곳은 얼마 후 문을 열었다. 10평 남짓한 크기에 갈색과 초록색을 기조로 한 차분한 분위기의 공간이었고 카페 사장님은 50대 중반쯤으로 보이는 부드럽고 선한 인상의 남자였다.

집에서 주로 작업하던 나는 반가운 마음에 그 카페에

나가서 일하기 시작했다. 집에서 고작 도보 5분 거리였고, 클래식이나 루시드 폴, 킹스 오브 컨비니언스Kings of Convenience 같은 잔잔하고 서정적인 음악을 틀어줘서 좋았다. 보통은 손님들로 붐비지 않았고, 붐빈다 해도 눈치껏 바 카운터의 1인석으로 옮기면 되었다.

무엇보다도 사장님이 상상할 수 있는 가장 이상적인 카페 주인이었다. 사장님은 친절했지만 손님들과 적절한 거리를 두고 접했다. 먼저 말을 걸거나 다가오지 않았다. 말없이 자신이 만드는 커피에만 집중했고 한가할 때는 주로 조용히 책을 읽었다. 일기예보에 없던 비가 갑자기 쏟아지면 퇴근길에 우산을 슬며시 건네주기도 했다. 사장님의 점잖고 온화한 성품 덕분에 카페의 분위기는 늘 아늑했고, 덕분에 그곳에서 몇 권의 책을 평화롭게 쓸 수 있었다.

　이따금 가족과 함께 밤마실을 나오면 따스해 보이는 등불이 비친 그 언덕 위 카페에 들러 직접 담근 유자에이드를 마셨다. 그는 자신의 친손녀 보듯 내 딸아이를 보며 평소보다 더 많이 웃었다.

　낮 시간엔 한껏 멋 부린 중년 여성들이 사장님에게

커피 상식에 대해 이것저것 묻기도 했다. 그분들도 나이가 멋지게 잘 든, 분위기 있는 또래 남성과의 대화를 즐거워하는 것처럼 보였다. 하지만 사장님은 절제된 친절함을 유지하면서도, 그녀들이 고객이라는 위치를 이용해 선을 넘어 노골적으로 치근대면 매번 노련하게 선을 그었다. 여러 가지 의미로 참 인상적인 분이었다.

그렇게 내 글쓰기 일상에 중요한 위치를 차지하던 카페였는데, 개업한 지 2년쯤 지난 어느 날 사장님이 조만간 가게 문을 닫는다고 알려주었다. 갑작스러운 소식이었다.
"고향에 내려가서 가게를 할까 하고요."
무덤덤하게 평소의 온화한 표정으로 말했지만 곧이곧대로 믿지 못했다. 고향이라는 곳에 내려가서 가게를 열기에는 그가 지나치게 도회적이고 세련되었다고 생각했다. 사실은 장사가 생각만큼 잘되지 않거나 건물주가 임대료를 올려서 피치 못하게 가게를 포기하는 거라고 생각했다. 그렇지 않아도 옥수동 땅값이 한창 오르던 중이었다. 그런 줄도 모르고 호젓해서 작업하기 좋다며 매일 장시간 뭉개고 앉아 있던 내가 부끄럽고 죄송했다. 더 이상 가게에 대한 일은 실례가 될까 봐 물어보지 않았다.

카페의 마지막 영업일 저녁, 옥수동의 단골손님들은 알아서 하나둘씩 모여들었다. 다들 비슷한 마음이었던 것이다. 모든 자리가 손님들로 꽉 찬 것을 본 건 그때가 처음이었다. 충분히 감상적이 되기 쉬운 밤이었을 텐데도 사장님은 평소의 차분하고 온화한 모습 그대로 손님들을 대했다. 그럼에도 기분 탓인지 그날의 분위기는 여느 날과는 분명 달랐다. 사람들의 과한 열기가 역설적으로 작별의 쓸쓸함을 감추려고 애쓰고 있었다. 혹시 상황이 바뀌어 서울에서 또 카페를 열게 되면 꼭 알려달라고, 나는 휴대폰 번호를 종이에 적어 사장님께 건넸다. 그냥 겉치레로 하는 말이 아니라 정말로 그리 멀지만 않다면 그곳으로 출근할 작정이었다. 가게 문을 닫기 10분 전쯤, 작별 인사를 하고 그곳을 나왔다. 사장님은 그날 밤의 마지막 손님을 배웅하고 나서 어떤 마음으로 카페 문을 닫았을까.

익숙하고 정든 장소를 잃고 나는 한동안 갈 곳 잃은 미아였다. 아침에 카페 문이 열리는 시간에 맞춰 출근해서 오후 서너 시까지 바짝 글 작업을 하던 일상이 하루아침에 무너졌다. 다시 집에서만 작업하기에는 갑갑했다. 가능하면 인근 동네에서 대안을 찾으려고 두루 둘러봤지만 어떤 카페는 산만했고 어떤 카페는 음악 선곡이 거슬렸다. 어떤 카페는 탁자가 원고 작업하기에 불편했고 어떤 카페는 주인이 지나치게 사교적이었다. 하는 수 없이 버스를 타고 조금 더 멀리 나갔다. 한동안은 옆 동네의 여러 카페들을 무작위로 돌아다니며 유목민처럼 원고 작업을 했다.

내가 방황하는 사이 아파트 길 건너 언덕, 그 옥수동 카페가 있던 자리에는 정확한 정체를 알 수 없지만 어쨌든 와인 바 겸 레스토랑이라고 주장하는 가게가 새로이 들어왔다. 갈색 벽돌 외양은 건드리지 않고 내부 인테리어와 가게 간판만 바꿔 달았다. 장소에 대한 향수로, 그곳을 기웃대다가 한번은 가볍게 저녁 식사나 할 겸 들어가보았다. 다른 손님 하나 없이 내부는 휑했다. 메뉴에서도 준비가 안 되는 음식들이 더 많았다. 아무리 봐도 손님 상대로 영업을 하려는 의지를 찾을 수가 없었다. 무슨 이유에선지 와인 바 겸 레스토랑이라고 주장하는 그 가게는 어떤 날은 밤에 불이 밝혀져 있었고, 어떤 날은 불이 꺼져 있었다. 오랜 기간 지켜보니 아무리 봐도 주인이 내킬 때만 장사하고, 나머지는 지인들과 모임을 갖기 위한 개인 용도의 공간 같았다. 물론 뭘 어떻게 하든 주인 마음이니 제3자가 뭐라 나무랄 수는 없다. 하지만 한때의 고즈넉한 단골 가게가 가장 탐탁지 않은 형태의 가게로 바뀌어가는 것을 지켜보게 되니 더욱더 그 카페의 부재가 아쉬웠다. 그것이 나의 이기적인 마음이라는 것도 잘 알고 있었지만.

몇 달 후, 한 에세이를 읽다가 글을 쓰기에 최적의 공간이라는, 합정동의 '커피발전소'라는 카페를 알게 되었다. 특히 카페 바깥 벤치에 걸터앉아 무심한 표정으로 생당근을 베어 먹는 무뚝뚝한 카페 사장님이라는 인물 묘사가 왠지 매력적이었다. 저자가 꾸준히 단골로 다녀도 첫 2년간은 한마디도 대화를 주고받지 않았을 정도로 카페 사장님이 과묵하다는 점도 마음에 쏙 들었다. 그곳은 우리 집에서 한 시간에 걸쳐 버스와 지하철을 갈아타고도 10여 분을 걸어가야 겨우 도착하는 먼 곳이었다. 하지만 어떤 기분 좋은 호기심이 만들어내는 직감을 믿고, 한번 찾아가보기로 했다. 한번 방문 후, 나는 그곳에 정기적으로 출근해서 글을 쓰기 시작했다.

*

집 앞 단골 카페의 갑작스러운 부재로 느꼈던 쓸쓸함과 막막함은 새로운 둥지를 찾으면서 시간의 흐름과 함께 점차 희미해져갔다.

무슨 계기였는지 불현듯 어느 날 그 옥수동 카페가 퍼뜩 떠올랐다. 그리고 강한 느낌표가 뇌리를 스쳤다. 왜 나는 그동안 그 생각을 한 번도 하지 못했을까? 아둔한 내 머리를 원망하고 싶었다. 떨리는 마음으로 허겁지겁 인터넷 검색창에 그 카페 이름을 타이핑했다.

빈스 브라운 / 카페 / 충청남도 천안시…….

스크롤을 내리자 낯익은 남자분이 부드러운 미소를 지으며 카운터 뒤에서 커피를 내리는 사진이 떴다. 놀라움과 반가움과 그리움이 합쳐져서 울컥하고 목이 메었다. 고향에 내려가서 카페를 연다는 말은 있는 그대로의 사실이었다. 믿음이 부족하고 얕게 넘겨짚은 내가 너무나 창피했다. 애초에 자존심을 지키기 위해 폐점 이유를 거짓으로 둘러댈 분이 아니었던 것이다. 세상의 어떤 사람들은 그토록 늘 한결같다.

그 일은 아름다운가

어떤 일을 할까 말까 혼란스러울 때 스스로에게 묻는 질문이 있다.

    그 일은 아름다운가
    그것은 아름다운 일인가

남들이 그것을 아름답게 보아줄지는 그리 중요치 않다. 내가 피부로 느끼기에 그러한가를 묻는다. 무엇을 아름답다고 느낄지도 저마다 다르니까. 그 일이 내게 분명히 도움이 된다고 해도 마음속 한편에 '하지만……' 이 작게 남아 서성이면 재차 자문한다.

한때는 '안 해서 후회하기보다는 해서 후회하는 게 낫다'라는 마음가짐으로 이 일을 할지 말지 잘 모를 때엔 눈 딱 감고 해버렸다. 결과가 좋지 않을 때는 실수를 통해 배우고 경험이라는 선물을 얻었다. 젊을 때는 각오만 되어 있다면 이런 방침으로 가는 것도 나쁘지 않을 것이다. 하지만 어느 정도 나이가 들면 경험 축적이나 실패를 통한 배움을 넘어 '시간'이라는 자원이 더 소중해지기도 한다. 한정된 시간과 체력을 보다 유의미하게 쓰고 싶어진다.

내가 원하는 돈 액수를 맞춰줄 것인가? 프리랜서라면 깔끔하게 이 일은 최소 얼마를 받으면 하겠다는 가이드라인으로 움직이는 것도 하나의 방법이다. 이따금 그다지 하고 싶지 않은 일에 대해서 원하는 금액을 조금 높게 책정해두기도 한다. 그래야 고역스러운 과정이 있더라도 참고 완수할 수 있고, 일을 받은 것을 자책하거나 남 탓 하지 않을 수가 있다. 하지만 돈을 모으는 일이 인생의 최우선 순위가 아닐 때는 돈이 휘두를 수 있는 힘이 의외로 크지가 않다. 뿐만 아니라 글을 쓰는 직업이라면 자기 자신을 좋은 상태로 유지해야 할 의무가 있는데 가끔 돈을 선택의 기준으로 일을 받았다가 영혼이 좀먹는 호된 경험을 치르기도 한다.

그래서 지금은 언뜻 잘 모르겠다 싶을 때는 반드시 스스로에게 묻는다. 그 일은 아름다운지. 아름다움. 이 얼마나 모호하고 관념적인 단어인가. 하지만 오히려 그렇기 때문에 상황과 조건이 다른 일들에 유연하게 적용되는 질문이다. 그 일을 아름답게 느낀다는 것은 내가 자연스럽게 이끌리고 있는지, 애쓰는 과정이 즐거울지, 필요하고 유의미한 일인지, 균형이 잡혀 있는지, 관여된 사람들이 성의를 가지고 그 일에 임하는지 등의 정성적인 가치를 묻는다. 그 일이 가져올 것 같은 좋은 기분의 다양한 모습들의 가능성을 '아름다운가'라는 간결한 언어로 스스로에게 물었을 때 표정이 부드러워지고 속에서 부대낌이 없다면 나는 그 일을 아름답다고 느끼는 것이다. 고로 일이 순조롭게 풀리도록 그 누구보다도 내가 노력을 다할 것을 안다. 그 즉각적인 감각. 마음속 깊은 곳에서 길어 올린 속마음을 어떻게 존중하지 않을 수 있겠는가. 스스로를 자리에서 일으켜 세워 무언가를 하게 만드는 힘은 이성을 넘어 직관의 영역에 존재하는 것 같다.

단체 사진 모서리에 서기

언제부터인가 아이가 학교 행사에서 찍은 단체 사진들에서 나와의 명징한 공통분모를 발견하게 되었다. 아이는 학급 사진에서 대부분의 경우 맨 뒷줄, 맨 모서리에 서 있었다. 일견 아무도 춤추자고 하지 않는 여자아이처럼. 그런가 하면 단체 사진 정중앙 맨 앞자리엔 어여쁜 외모의, 한눈에 봐도 단짝친구들인 서너 명이 한껏 끼가 넘치는 포즈를 취하고 있다. 누가 봐도 반에서 가장 인기가 많은 아이들이다. 이런 것들은 참 예전부터 그대로다.

아이가 명백한 주인공이 아닌 상황이 조금 속상할 수도 있었지만 나는 아이의 표정을 주목한다. 아이는 사진 찍기 싫어 귀찮아 죽겠는데 끌려 나온 아이처럼 표정이 어째 떨떠름해 보인다. 이 아이는 다시 말해, 단체 사진 맨 모서리에 깍두기처럼 서는 것을 전혀 개의치 않아 하고 있다. 아이는 10살 무렵, 내게 짧은 편지를 쓴 적이 있다.

> 사랑하는 엄마에게 윤서가
>
> 엄마.
> 내가 평범해 보인다는 게 좋다고 했잖아.
> 나도 그래.
> 그런데 친구들이 나를 좋아하긴 하지만
> 인기가 없어.
> 하지만 인기가 꼭 많이 있어야 되는 것도 아니고
> 그렇게 되고 싶지도 않아.
> 엄마 사랑해.

나는 이 편지에서 그래도 인기 있는 삶은 어떤 것일까, 약간은 궁금해하고 부러워하는 '아이다움'을 발견하고 미소 짓는다. 인기 있는 게 나쁜 건 아닐 테지만 그래도 무리해서까지 인기를 얻고 싶은 마음은 없다는 뜻으로 읽힌다. 나는 조금 감동받는다. '인기는 분명 없지만 인기가 꼭 있을 필요도 없지 뭐(그래도 정말 중요한 친구들은 나를 확실히 좋아해!)' 같은 태도를 내가 얼마나 사랑하는지. 단체 사진 맨 모서리를 차지하는 것을 개의치 않는 마음은 얼마나 어여쁜지.

더불어 내가 아이와 참 닮아 있음을 새삼 느낀다. 나는 다분히 인기가 없는 방향으로 가고 있다. '알아두면 좋은' 사람들을 만나려고 애쓰고 싶지 않고, 여러 사람들이 모이는 장소에 초대받아도 가지 않는다. 예전에 알고 지냈다고 갑자기 '오랜만에 뭉치자'라는 연락도 달갑지 않다. 의리상, 도리상 시간을 내서 사람을 만나는 것이 싫었다. 의리나 도리는 대개 하고 싶지 않은 것에 명분을 줘야 하고, 타인에게 만족을 주기 위해 내가 무리하는 것이니까. 때 되면 만날 것이고 볼 사람은 또 어떻게든 보게 된다. 이런 까칠한 은둔형 성격 때문일까, 나는 친구가 별로 없는 편이다. 내가 친구라고 부르는 사람들은 아무리 꼽아봐도 대략 열 명 이하이고, 그중에서 자주 연락을 취하거나 이따금 만나는 친구들은 고작 다섯 명 이내다. 인간관계만큼은 영혼 없이 관리하고 싶지 않다. 외로움을 메우기 위해 만족스럽지 못한 인간관계를 유지하느니 그 시간에 혼자 책을 읽는 게 낫다.

그래도 어른이 되면 '신뢰'를 기반으로 한 인간관계를 가질 수 있어서 좋다. 단순히 친하거나 자주 시간을 같이 보내거나 같이 재미있게 어울리는 관계와는 다르다. 아무리 친하다고 해도 어떤 주제들에 대한 이야기를 솔직하게 하지 못하는 관계는 허탈하다. 상대가 충분히 이해해줄지 불확실하고, 말을 옮기지 않을지 걱정되고, 이야기를 듣고 나면 나한테 상처받거나, 내게 이질감을 느끼거나, 나를 경멸하지 않을지 신경이 쓰인다. 나의 취약점을 사후에 역으로 이용할까 봐 걱정도 된다. 반면 자주 만나거나 연락하지는 못한다고 해도 숨김없이 믿고 얘기할 수 있는 사람도 있다. 신의를 바탕으로 맺어진 관계이다 보니 애초에 편안하고 무리가 없다.

　왜 신뢰감을 느끼는 것일까? 그것은 아마도 상대가 본질적으로 '괜찮은' 사람이기 때문일 것이다. 이해심이 깊고, 포용력이 있고, 입이 무겁고, 편견에서 자유로우며, 인생 경험이 많다. 나이와 상관없이 정신적으로 어른이고 피상적인 수다보다 본질적인 대화를 나눌 수 있다. 내가 만나본 이런 사람들의 대부분은 독립적인 개인이었고, 자신의 소신이 있는 만큼 타인들의 다양한 생각을 존중할 줄 알았던 유연한 사람들이었다.

관계를 '관리'하고 싶지 않은 마음은 온라인에서도 마찬가지다. 소셜미디어를 하면서 내가 유념하는 것은 다음과 같다.

- 내가 쓰고 싶은 글을 쓴다
- 답하고 싶지 않은 댓글은 답하지 않는다
- 좋지 않은데 '좋아요'를 누르지 않는다
- 내가 팔로우하고 싶은 계정을 팔로우하고 싶을 때 팔로우한다(그 반대도 마찬가지)
- 남이 내게 써주기를 원하는 글을 쓰지 않는다
- 남이 내게 바라는 모습을 연출하려고 애쓰지 않는다
- 위로나 응원을 간접적으로 구걸하지 않는다
- 유명한 사람들과의 친분을 내세우지 않는다

- 가급적 자기검열을 하지 않는다

나는 내가 아닌 모습으로 '인기' 있고 싶지 않다. 또한 사람들에게 쉽게 지치거나 질리고 싶지 않다. 스스로를 지킴과 동시에 사람들과의 관계도 자연스럽게 흐르도록 하고 싶다.

사람들은 내 인생 속으로 들어왔다가 또 나간다. 지금 내 곁에 있는 사람들을 진심으로 마음을 다해 아끼고 좋아하면 된다. 내가 할 수 있는 유일한 노력이라고는 나와 마음이 맞을 것 같은 사람들을 만날 수 있는 환경에 나를 데려다 놓아주는 것. 번지수 틀린 곳에서 자신을 억지로 끼워 맞추면서까지 인간관계를 맺을 필요는 없어 보인다. 나는 어떤 사람과 관계를 맺을 때 그 사람의 피상적인 외피보다 그 사람의 연한 내면에, 인간다운 감정을 귀하게 여기고 싶다.

비등단 작가의 어떤 고백

직장인에서 글을 쓰는 프리랜서가 되고 나서 한참 후, 어느 날부턴가 사람들이 나를 자연스럽게 '작가님'이라고 부르기 시작했다. 이것은 당시 내겐 무척 놀라운 변화였는데, 왜냐하면 그 전까지는 일로 만난 적지 않은 사람들이 내 이름 뒤에 '씨'를 붙일까 '작가님'을 붙일까 몇 초간 머뭇거리는 게 눈에 빤히 보였기 때문이다.

    미국처럼 이름을 부르거나 'Writer'라는 깔끔하고 보편적인 직함이 있었다면 상호 간에 편했겠지만, 그게 아니더라도 등단하지 않은 저자에 대해 작가라는 호칭을 붙일 것이냐의 문제로 흔들리는 모습을 지켜보는 것은 그 나름대로 무척 흥미로운 일이었다.

신춘문예나 신인문학상을 타서 소설집이라도 한 권 냈으면 호칭 문제는 처음부터 없었을 것이다. 한국과 일본에는 등단이라는 고유의 작가 등용문 시스템이 존재하는데 나는 신춘문예에 딱 한 번, 서너 군데에 응모해 봤는데 다 떨어졌고 그 대신 회사를 다니면서 잡지에 연재 칼럼을 쓰게 된 것을 계기로 여러 매체에 글을 쓰다가 지금에 이르렀다. 비소설류의 책을 다섯 권 쓰기까지 작가 호칭은 들어보지 못했다. 여섯 번째로 출간한 책이 첫 소설집이었는데 이것이 어쩌다가 꽤 잘 팔리는 바람에 그때부터 미묘한 혼돈과 균열이 일어났다.

출판사에선 관례상 '선생님'이라는 호칭을 저자들에게 사용해서 익숙했지만(물론 초창기 몇 권째까지는 '임경선 씨'라고 불렀다), 더러 함께 다음 책을 출간하고자 다가온 몇몇 이들이 의도적으로 '작가님'이라는 호칭을 강조하고 또 강조하면서 내 안색을 살피던 모습이 뇌리 한구석에 여전히 남아 있다. 아마도 나를 기분 좋게 할 요량이었던 것 같다.

나로서는 '임경선 씨'나 '경선 님'도 다 괜찮았다. 그저 '언니'만 아니면 된다. 호칭 인플레이션은 이미 저술업으로 전업하기 전에 기업체에서 누릴 만큼 누렸다.

문단에서 등단하지 않았다고 해서 '작가'라고 불

러주지 않는 것에 화가 났던 게 아니다. 작가, 라고 불러줘야 할까 말까를 고민하는 어색한 머뭇거림을 감출 줄 모르는 그 무신경함에 짜증이 났던 것 같다.

첫 소설을 내고 시간이 조금 더 흘러 에세이 《엄마와 연애할 때》를 냈을 즈음부터 갑자기 주변의 대다수 사람들이 아무런 거슬림 없이 자연스럽게 작가라는 타이틀을 붙여주게 되었다. 마침내 작가라고 불려서 좋다기보다 상대가 나의 호칭을 두고 바로 앞에서 고민하는 모습을 볼 필요가 없다는 것이 안도되었다.

이야기는 여기서 간단히 끝나지 않는다. 그즈음 다른 비등단 작가들이 쓴 소설 속 저자 프로필에는 이런 말들이 종종 등장했다.

'나는 아직 작가라는 호칭이 불편하다.'
'나는 스스로 아직은 작가라고 생각하지 않는다.'
'앞으로 계속해서 글을 열심히 써나가면서 진짜 작가가 될 것이다.'

공식적인 루트로 등단도 하지 않았는데 감히 소설 따

위를 써서 왠지 미안하고 계면쩍어하는 어떤 제스처를 보게 되는데 나는 그 겸손함이 유쾌하지가 않았다. 왜냐하면 그 글을 쓴 사람 본인이 작가라는 타이틀에 과한 의미 부여를 하고 있다고 생각했기 때문이다. 물론 신춘문예에 단편소설로 등단하기 위해서는 약 1000 대 1의 경쟁을 뚫어야 하고 문학상 장편소설로 등단하기 위해서는 최소 200 대 1의 경쟁을 해야 하는 어려움에 대해서도 들었다. 그렇다고 해도 등단 시스템을 거치지 않고 소설을 쓰는 데에 괜히 떳떳지 못해야만 할 것 같은 저자세가 속이 상했다.

초반에는 끊임없이 주변의 누군가로부터 '제대로 등단하라'는 소리를 정기적으로 들었다. 딱히 출판업계에 계신 분들만의 조언이 아니었다. '정정당당하게 진짜 작가가 돼라'는 말은 전방위로, 무작위로 듣는 이야기였다. 그간 인지도를 확보했으니 이젠 명예를 얻어 진정한 작가로 거듭나야 하지 않겠냐는 논리였다. 말하자면 아무리 성공하고 돈을 벌어도 대학 졸업장은 있어야 하지 않겠냐는 말과 같았다. 당장엔 별 쓸모 없는 것 같아도 대학 졸업장은 나중에 분명 도움된다, 같은.

그래서 한때, 묵힌 숙제를 해치우자는 마음에 한국문학 공모전에 관한 모든 정보를 시간과 노력을 들여 일목요연하게 파워포인트로 정리했고 나 혼자만 보기에는 아깝다는 생각에 소셜미디어를 통해 원하는 사람들과 공유하기도 했다. 이때 세상에는 우리가 상상하는 것 이상으로 작가를 꿈꾸는 사람이 많다는 것을 새삼 깨달았다. 그 와중에 몇몇 사람들은 비밀 쪽지로 자료 공유를 따로 부탁했다. 이미 몇 권의 책을 낸 저자들이라 이제 와서 공모전에 자신의 글을 내보려고 하는 일이 남들 보기에 조금 부끄러웠나 보다.

그렇게 생색만 잔뜩 내고서 정작 나는 그 자료를 서랍 어딘가에 처박아놓고 그 후 아직 한 번도 꺼내보지 않고 제멋대로 여섯 권의 소설을 추가로 써버리고 말았다.

역시 등단을 해야 할까? 이 질문은 수없이 했던 질문이었다. 등단을 하지 않으면 실질적으로 불편한 일들이 생길까? 개인적인 경험에 따르면 다음과 같은 일들은 있었다.

첫째, 정통 문학을 중시하는 일부 사람들한테 무

시당했다. 가령 한 식사 자리에서 어떤 문학평론가는 내 앞에 앉았다가 소개를 받은 직후 다른 '정통' 작가 앞으로 자리를 옮겨갔다. 둘째, 문학 담당 신문기자는 비등단 작가들의 책을 지면에 다뤄주질 않는다. 셋째, 문인 공동체로 묶이는 여러 활동에서 제외된다. 마지막으로 등단을 거치지 않은 작가들은 여러 창작 기금의 수혜자가 되기 힘들다. 차별은 늘 미묘하고 은은하게 존재해서 그로 인한 모멸감을 시원하게 하소연하기도 어려웠다.

물론 문제가 있다면 대처법도 있다. 첫째, 나를 무시하는 사람들과는 어울리지 않으면 된다. 둘째, 문학 담당 기자나 평론가의 평가보다 독자들 하나하나가 재미있게 읽어주면 된다고 생각하면 그뿐이다. 실제로도 오로지 독자만을 바라보고 스무 권이 넘는 책을 써올 수 있었다. 셋째, 집단에 소속되지 않고 개인의 자격으로 할 수 있는 사회적인 활동을 해나가면 된다. 마지막으로 어떻게든 글이나 다른 방편으로 자체적인 밥벌이를 할 수 있게 만들어 기금에 의존하지 않으면 된다.

그럼에도 불구하고 당시에는 '난 괜찮아'라고 하면 할수록 그것이 왠지 정신 승리나 자기 합리화로 비춰지는 것만 같았다. 작가 무라카미 하루키가 《Monkey》라는 문예계간지에 쓴 에세이(나중에는 《직업으로서의 소설가》에 수록되었다) 중 이런 이야기가 있다. 데뷔 초기의 아쿠타가와상이든 최근의 노벨문학상이든 무라카미 하루키의 마음을 가장 무겁게 만들었던 것은 상을 타지 못한 사실이 아니라 주변 사람들의 불필요한 위로였다고 한다. 정작 본인은 상을 타든 타지 않든 '정말로' 전혀 관심이 없는데 상을 타지 못하니까 주변에서는 위로한답시고 '다음번엔 파이팅!' 같은 제스처를 취했다는 것. 상을 타지 못해 마음이 좋지 않은 것이 아니라 상을 타지 않아도 괜찮다는 말을 아무도 진심으로 믿어주지 않아 괴로웠다는 것이다. 그 마음이 어쩐지 이해되었다.

한국의 많은 소설가들은 글만 써서는 먹고살지 못한다. 초판도 미처 다 팔리지 않는 작품이 수두룩하기 때문이다. 그럼에도 불구하고 그들은 영원히 작가이자 소설가일 것이다. 한동안 글쓰기를 쉬더라도 그들에게는 등단과 문학상이라는 인증서가 있으니 언제라도 다시 돌아오면 되지 않을까. 많이 팔리지 않아도 대중성보다 작품성으로 평가받는 대안이 있지 않을까.

아무런 근본도, 문학적 인증서도 없이 지난 19년간 바닥부터 글을 쓰면서 조금씩 독자와 글의 영역을 넓혀왔다. 하지만 내 경우는 매번 책을 낼 때마다 어느 정도 이상은 독자를 확보해야 명맥이 이어진다는 절박감이 있다. 소속된 곳이 없으니 판매가 저조해지는 순간 존재 이유가 사라지게 될 것만 같았다. 독자를 잃게 되면 어디에도 갈 곳이 없을 것만 같았다. 하지만 이제는 그 절박감이야말로 나를 앞으로 내딛게 하는 가장 강력한 동력임을 안다.

*

한편 작가로 불리기 시작했던 그 당시, 반대쪽에서는 다른 방향으로 나를 잡아당겼다.

"방송 좀 나가. 방송을 타야 책도 더 팔리지. 일단 무조건 유명해져야 해."

예나 지금이나 나는 글을 써서 생활하고 싶다. 내

게는 아직도 글을 써서 책으로 만드는 일이 가장 자극적이고 충만한 일이다. 많은 대중들에게 소극적으로 알려지기보다 일부의 독자들이라도 능동적으로 나의 책을 사고 읽어주었으면 한다.

 그리고 이건 몹시 이상한 얘기일 수도 있는데 나는 별로 유명해지고 싶지 않았다. 책이 많이 팔려 결과적으로 이름이 알려지는 것은 어쩔 수 없으나 책을 많이 팔고 싶어서 일단 유명해지려고 애쓰는 일은 내키지 않았다.

한창 텔레비전 채널이 많이 생기던 무렵, 주변 사람들은 왜 섭외 오는 텔레비전 고정 출연을 죄다 마다하냐고 나무랐다. 그런 말들을 해준 사람들은 나를 인간적으로 아끼고 내가 잘되기를 바라는 사람들이었기 때문에 한 귀로 듣고 다른 귀로 흘리기가 힘들었다. 비등단 작가들은 이런 이야기도 많이 듣게 된다.

 "넌 문단에 속해 있지 않기 때문에 오히려 대중적으로 자유롭게 활동 영역을 넓혀야 해."

 그러나 무엇이든 '나와 맞고 맞지 않고'는 중요했다. 내키지 않는 방송매체 고정 출연과 매체 인터뷰들을 거절했다. 내가 이미 충분히 유명해서? 설마. 게다가 사람 잊히는 거 한순간이다. 말은 쉽지만 매체에 나오지 않으면 잊히기 쉬운 프리랜서에겐 큰 결단이 필요한 일이었다.

광고 효과와 매체 운영과 판촉 전략에 골몰하는 직장 생활을 했던 내가, 즉각적인 인지도 확장에 짭짤한 방송매체를 몸소 거절한다는 것이 어떤 의미인지 대중 상대 마케팅의 현실적 함의를 그 누구보다도 잘 안다고 자부하는 내가, 감히 그랬다는 것은 그 누구보다도 나 자신에게 꽤 의미심장한 일이었다.

'품위'를 지키기 위해 방송은 멀리하냐는 질문을 들었을 때도 전혀 와닿지 않았다. 애초에 난 '품위'와는 거리가 좀 있기도 하지만 방송이 사람을 즉각적으로 '싸구려'로 만들진 않는다. 다만 '나와 맞냐 안 맞냐'에 대한 직감이 가동할 뿐이다. 까탈스럽게 구는 나를 볼 때마다 내가 지금 객관적으로 찬밥 더운밥 가릴 신세냐 한심스럽기도 했다. "이런 것도 한철이라 섭외 오는 거 계속 거절하다 보면 언젠가 내가 원해도 그쪽에서 연락하지 않을걸?" 이 말도 틀린 말이 아니었다. 다 거절하니까 이젠 깔끔하게 들어오지 않게 되어 고민할 필요도 없게 되니 괜히 거절했나 후회한 순간도 있었다.

한때 "방송 좀 나가. 일단 유명해져야 해" 소리를 들었던 것만큼, 어느 한 시절엔 "유튜브 좀 해. 왜 유튜브 안 해?"라는 소리도 귀가 따가울 정도로 들었다. 한데 유튜브 채널을 열기는커녕, 즐겨 보지도 않았다. 유튜브가 나쁜 매체라는 게 아니라, 게임을 안 하는 것처럼 그냥 나와 맞지 않을 뿐이다.

그러나 결과적으로는 내가 한 선택들에 만족한다. 모든 선택에는 나름의 이유가 분명히 존재했기 때문이다. 브랜드 호감도brand preference나 브랜드 충성도brand loyalty도 브랜드 인지도brand awareness가 기반이 되어주어야 한다는 걸 알지만 그때나 지금이나 마냥 유명해지고 알려지기보다(인지도), 내가 제대로 이해받고 싶은 방식으로 이해받고 사랑받고 싶은(호감도와 충성도) 마음을 더 소중히 했다. 잃는 것을 두려워하는 게 있다면 그것은 '품위'가 아니라 '고유함'이 아닐까. 대체 불가능한 '고유함'이 있으면 쉽게 시장 변화에 휘둘리지 않을 것이라 믿는다.

그뿐인가. 유례 없는 출판계 불황은 늘 있던 얘기지만, OTT 보급과 핸드폰 중독 등과 더불어 책은 더더욱 읽히지 않게 되어 작가는 영상화로 활로를 모색해야 한다는 암묵적 분위기가 감돌기도 했다. 마치 더 늦기 전에 노아의 방주에 올라타야 한다는 듯이. 더 노골적으로는 '영상화를 염두에 두고 작품을 써야 한다'는 이야기도 나왔다. 머리로는 일리가 있다는 걸 알겠는데 숨이 턱 막혔다.

하지만 나만 그런 것은 아니었다. 니시카와 미와 영화감독은 에세이 《고독한 직업》에서 작가가 글을 쓰면서 그것이 영상화가 될 것을 염두에 두고 글을 쓴다거나, 영상화하기 유리한 방향으로 글을 쓰는 것을 비판했다. 작품이 원 매체에서 그 자체로 완결성을 가지고 어떤 의미로는 타 매체로의 대체 불가능성을 가질 때 도리어 자부심을 가질 만하다는 것. 소설 《아몬드》의 손원평 작가가 《아몬드》의 영상화 판권을 허락하지 않은 것은 책을 잘 읽지 않는 독자, 특히 청소년 독자에게 충분히 긴 시간 동안 오로지 책이라는 매체로 다가가 '즐거운 독서 경험'을 선사하는 책이기를 바라는 마음에서였다는 이야기도 먹먹하다.

원치 않는 방향으로, 마음에 들지 않는 방향으로 내가 확장되고 노출되고, 잘되는 일에 나는 주저함을 느낀다. 어렸을 적 나답지 않은 모습을 오래도록 연출하고 살아야 했던 것에 대한 슬픈 개인적인 반작용일 수도 있다. 혼자 '자기 세계' 속에 함몰되어 좁은 시야로 사는 게 아닐까도 생각한다. 다만,

책은 이제 사양산업이다. 책은 팔리지 않는다. 유명해야 팔린다. 일단 무조건 이름을 알려야 한다.

한국에서 작가로 인정받으려면 정식으로 등단을 해야 한다. 등단을 하지 않으면 진짜 작가가 아니다.

혹은, 텍스트의 시대는 끝났다. 이젠 무조건 영상이다. 영상화를 염두에 두어야 한다.

방향이 어느 쪽이든, '세상은 원래 그래' 같은 명제에

나는 어쩐지 반항하고 싶어진다. 지금으로서는 그 반항과 저항의 방식이 기왕이면 창의적이고 지속적일 수 있도록 노력하는 것 말고는 내가 할 수 있는 게 없다. 그건 그것대로 괜찮은 삶의 방식이라고 생각한다.

'누구나 원한다고 꿈을
이룰 수 있는 것은 아니다'

_____

성실함

4부

루틴의 의미

어느 시점부터 신작 출간 인터뷰 때 '롱런의 비결'에 대한 질문을 단골 메뉴처럼 받게 되었다. 롱런? 제가요? 정신을 퍼뜩 차려보니 정말 그랬다. 수많은 저자들이 나타났다가 사라지는 가운데 어느새 나는 지난 19년간 스물세 권의 책을 써왔다.

롱런의 이유는, 굳이 따지자면 꾸준히 쉬지 않고 책을 냈기 때문이다. 당연한 말 같지만 업계에서 잊히지 않으려면, 그 업계에서 계속 '보여야visible' 했다. 글을 꾸준히 쓸 수 있었던 것은 내게 글쓰기가 오랜 꿈의 실현 같은 거창한 무엇이 아니라 하나의 '루틴'으로 자리 잡았기 때문이라고 생각하고 있다. 앞서 말한바, 작가가 된 것은 질병과 퇴사로 인한 차선의 선택이었다.

오랜 직장인 생활로 '출근'의 루틴이 몸에 새겨진 나는 조금씩 건강을 회복하면서 '회사에 출근하듯이' 매일 아침 서너 시간 집중해서 글을 썼다. 육아와 병행하면서 하다 보니 시간을 조금도 허투루 쓸 수가 없었다. 뜸 들일 여유도 없이 자리에 앉자마자 원고 작업에 들어갔다. 그러다 보니 일정 시간이 지나면 자연스레 한 권의 책이 완성되기를 반복했다. 한때는 체력이 완전히 돌아오면 다시 회사로 복귀하려고 했지만, 글쓰기 루틴이 점점 몸에 배어 책은 계속 나오지, 덩달아 독자들이 늘어가지…… 하다 보니 빼도 박도 못 하게 어느새 '롱런 작가'가 되어 있었다. 정말이지 마차 끄는 말처럼 눈 양옆을 가리고 바로 앞만 보고 꾸역꾸역 걸어간 죄밖에 없다. 루틴이 이렇게 무섭다.

2020년 봄, 코로나가 세상을 덮치면서 내게는 '달리기'라는 또 하나의 루틴이 생기게 되었다. 이 역시도 '글쓰기'와 마찬가지로 애초에 의도한 게 아니었다. 평소 하던 실내 운동을 물리적으로 할 수 없는 상황이 되어 몸이 못 견디게 근질근질했던 어느 봄밤, 제대로 된 러닝화도 갖추지 않은 채 광화문 광장으로 뛰쳐나간 게 화근이었다. 밤 11시를 훌쩍 넘긴, 사람들이 거의 나다니지 않는 늦은 시간에, 나는 방금 감옥을 탈출한 죄수의 심경이 되어 마스크를 슬그머니 벗고 바깥공기를 흠뻑 들이켜며 내달렸다. 기분이 째졌다.

당시의 나는 코로나가 석 달 정도면 끝날 거라고 순진하게 낙관하고 '시한부 운동'인 달리기를 소셜미디어에 인증하며 마치 이벤트처럼 편하게 즐겼다. 한데 몇 달은커녕, 코로나는 그 후로 몇 년을 더 머물렀고, 더불어 나의 달리기도 멈출 수가 없게 되었다. 그렇게 훌쩍 1000킬로미터 넘게 달린 4년 차 러너가 되어 있었다. 불과 얼마 전까지만 해도 횡단보도 신호가 노란불일 때도 못 뛰던 인간이! 사람 일은 이렇게 한 치 앞을 모른다.

지금에 와서 돌이켜보면 비록 상황에 의해 다분히 충동적으로 시작한 글쓰기와 달리기라 해도, 그것들이 하나의 확고한 루틴으로 일상에 안착하게 된 것은 내가 그것들을 어느 시점부터 내 인생에 '제대로' 들이기로 선택했기 때문인 것 같다. 루틴을 만들고 지키는 것은 그 누구도 아닌 내가 결정하고 수용하겠다는 자연스러운 다짐이다. 무엇인가를 삶에 능동적으로 들이기로 결정하는 것은 내가 비관적 현실주의자인 것과도 관계가 있다. 내게 삶이란 한 치 앞을 모르는, 언제라도 무너져 내릴 수 있는 불확실하고 불안정한 것. 도리어 그렇기 때문에 내가 그 시점에서 할 수 있는 일이 무엇인가를 차분히 가늠하고 실천하는 일이 중요했다.

흉부외과 수술로 입원하기 전날 밤, 덕수궁 돌담길로 달리러 나갔던 장면이 주마등처럼 머릿속을 스친다. 달리기를 시작한 지 갓 3년이 된 무렵이었다. 오른쪽 폐의 절반이 다음 날이면 없어질 거라, 어쩌면 이번이 생애 마지막 달리기가 될 수도 있겠다 우울해하며 숨이 넘어갈 정도로 달리고 또 달렸다. 다행히 그것은 기우였다. 주치의는 남은 폐를 최대한 팽창시키는 훈련을 해야 한다며 퇴원 후부터 가급적 빨리 달리기를 재개하라고 엄중히 주문했다. 수술 후 진통으로 정신을 못 차리던 내게는 빨리 걷는 것도 금세 숨이 차고 어질어질했지만 이내 몸에 새겨진 달리기 루틴이 스스로를 기억하고 일깨웠다. 지난 3년간 꾸준히 달려온 덕분에

페이스는 조금씩 빨라졌고, 폐가 손상되었음에도 폐활량을 정상에 가까운 수준으로 회복시켰다.

하나의 루틴은 또 다른 루틴도 끌어당기는 힘이 있어, 달리기를 재개하면서 나는 당연하다는 듯이 새 소설을 쓰고 있었다. 그 경험들을 거치면서 불행이나 고통이 불시에 찾아오는 건 내가 통제할 수 없지만 그것을 어떻게 받아들이고 그 상황에서 무엇을 할지에 대해서는 내가 선택할 수 있다는 것을 새삼 깨달았다. 그럴 때 꾸준히 쌓아나간 루틴이 있다면 대개의 고통은 견뎌내게 된다. 루틴은 이토록 소리 없이 강하다.

비단 불행과 고통의 상황이 아니더라도 심신에 잘 밴 루틴은 우리의 중심을 단단하게 잡아주는 역할을 해준다. 한국은 언제나 '급변하는 환경'에 쫓기며 사는 사회다. 연말엔 트렌드 예측 서적이 베스트셀러가 되는 것은 기본이고, 소싯적엔 '언택트 시대'에 적응해야 한다고 종용하더니 이제는 또 'AI 시대'에서 살아남아야 한다고 다그친다. 그 광경을 가만히 바라보면서 나는 혼자 속으로 생각한다. 우리가 처한 환경은 앞으로도 수시로 계속 '급변'할 것이기 때문에 우리가 매번 거기에 휘둘리고 맞출 수는 없다고. 급변하는 환경으로 인해 '선택지가 늘어났다'고 해석하자고. 자신에게 여전히 중요한 가치를 지키면서 변화를 선택적으로 취하자고. 아니다 싶은 건 아닌 거라고 판별하는 용기를 가지며 자신이 중요하다고 여기는 것들을 주변에서 의미 없는 것으로 치부해버릴까 봐 두려워하지 말자고. 분명, 내가 그 대상에서 의미를 발견할 수 있는 한 그것은 엄연히 내 삶에 존재하는 것이다.

자신의 중심을 잡아주는 루틴을 가진 사람들은 이럴 때 가장 덜 휘둘리는 것 같다. 그들은 외부의 급변하는 환경을 불안감이나 조바심이 아닌 냉철하고 다소 무심한 시선으로 바라본다. 꾸준히 무언가를 반복하고 쌓아나가는 일을 해오던 내공은 쉽게 흔들리지 않고, 자신이 있어야 마땅한 장소에 두 다리로 꿋꿋이 서 있기에 파도의 저항을 견딜 수 있다. 그들은 세상의 흐름에서 뒤떨어지지 않기 위해 절박하게 쫓아가기보다 조금 늦되더라도 시간의 힘을 믿어가며 자신에게 맞는 하나의 발자국을 신중하게 내딛는다.

지나고 보면 어렵지 않던 시절이, 어지럽지 않던 시절이 언제 있었던가. 때로는 주변의 소음을 차단하고 나에게 있어서 중요한 의미를 지니는 일들에 차분히 시간을 들이는 것, 그것이 가져올 결과를 믿으며 스스로를 부단히 단련시키는 것—다시 말해 나의 방식대로 삶을 이끌어가겠다는 의지, 그것이 루틴이 굳건히 존재하는 삶이 아닐까.

과거가 현재를 지탱한다

파워포인트와 엑셀, 소비자 조사 데이터와 광고 시안, 그리고 종일 연이어지는 회의를 진행하는 회사 생활을 당연하게 생각하고 살다가 어느 날 갑자기 하루 종일 하는 일이라고는 끝도 한도 없이 혼자 노트북 화면만 노려보며 글을 쓰는 인생으로 바뀌게 되었다. 그것도 쓰는 거라고는 오로지 워드뿐. 대화할 사람도, 일 문제를 협의할 사람도 없이 모든 것은 내가 알아서 스스로 선택해야만 했다.

조직형 인간으로 살기를 12년, 지금은 그 과거가 전생의 일처럼 아득하지만 이런 급작스러운 업무 성격의 변화가 처음에는 당혹스럽기만 했다. 몸과 마음에 깊게 밴 회사원의 습성을 버리기가 힘들었다. 출근 시간을 칼같이 지키는가 하면 글쓰기에 있어서도 효율성과 신속성을 가장 우선시했으며 마치 1년에 최소 한두 권의 책을 내지 않으면 안 될 것만 같은 부담감을 느꼈다. 생각이 자유롭고 시간에 끌려 다니지 않고 여유롭게 일을 내킬 때만 하는 이들을 보면 그 보헤미안 성향이 무척 부러우면서 동시에 한심해 보였다. 아직 여러모로 내 안에서 2개의 이질적 성질이 충돌하던 시기였다.

그만큼 하는 일을 송두리째 바꾸는 것은 인생에 있어서 가장 큰 변화다. 안 하던 짓을 한다는 것, 혹은 하던 짓을 하지 않는다는 것은 몸과 마음의 체질이 바뀌어야 함을 의미했다.

많은 사람들이 말했다.

"지금 하는 글 쓰는 일이 훨씬 낫지 않나요? 더 재미있고 자유롭잖아요."

그 말에 잠시 생각에 잠겼다가 나는 대답했다.

"솔직히 아직 잘 모르겠어요. 일장일단이 있는 것 같아요."

가끔 이쪽 일을 하다 보면 과거의 경력을 부끄러워하거나 모두 부정한 채 오로지 글만이 내 운명, 처럼 말하는 사람들이 있는데 나는 생각이 좀 다르다. 회사원 시절은 분명 힘들었지만 좋은 점도 많았고 배운 것도 많았다고 긍정하게 된다.

무라카미 하루키의 경우 작가가 되기 전, 재즈 카페 '피터캣'의 주인으로 7년을 일했는데 작가로 성공해서 먹고살 만해져도 재즈 카페 운영을 바로 접지 않았다. '일상성에서 벗어나지 않기 위해' '흐트러지지 않기 위해' '작가라고 으스대지 않기 위해' 일부러 한동안 두 직업을 병행했다. 훗날 전업 작가가 되어서도 '재즈 카페 주인장으로서의 힘겨운 육체노동을 경험한 것이 글쓰기의 기본 뼈대가 되어주었다'며 그 경험을 되돌아보았다.

일을 바꾸는 것은 과거의 나를 완전히 지우는 것 같지만, 본질적 자산은 그 어디에도 가지 않고 자기 안에 고스란히 남아 지금 하는 일에 힘이 되어줄 수 있다. 가령 누가 시키지 않아도 내가 알아서 일을 만들어서 하는 자발성, 규칙적으로 일을 하고 그에 대해 책임을 지는 성실성, 나 혼자 독단적으로 결정을 내리기보다 함께 일하는 사람들의 의견에 귀 기울이는 신중함, 고집을 부리기보다 협업을 통해 더 좋은 결과를 얻어내는 유연성 등은 일의 성격이 달라져도 일관적으로 뒷받

침이 되어주고 응용되어 쓰이는 소중한 자질들이다.

나의 경우도 과거 직장 생활 경험이 없었다면 글을 쓰는 직업은 시작할 수도, 유지할 수도 없었다고 생각한다. 애매한 자존심을 버리고 초심으로 스스로를 냉철하게 바라볼 수 있는 시각을 가질 수 있었고, 지금은 혼자 일하는 프리랜서라고 해도 실질적으로 함께 일하는 상대는 기업체이다 보니 조직원으로서의 입장을 헤아리는 마음도 가질 수 있었다.

무엇보다도 나는 '일'을 글의 소재로 가질 수 있었으며 덕분에 평범하게 회사를 다니는 사람들을 소설 속에서도 생생하게 그려냈다. 또한 '칼럼'을 썼기에 '상담'을 할 수 있었고 '상담'을 했기에 '라디오 방송'이나 '강연'을 할 수 있었고 그 모든 경험을 토대로 '소설'이라는 생각지도 못한 장르에도 도전할 수 있었다.

《시마 과장》 시리즈를 그린 일본의 만화가 히로카네 켄시도 만화가로 데뷔하기 이전에 전자제품을 다루는 대기업의 마케터였다. 그는 오랜 회사 생활을 접고 뒤늦게 만화가로 데뷔했다. 목을 죄는 넥타이를 매고 만원 전철에 실려 출근하던 숨 막히는 샐러리맨 생활에서 탈출하여 마침내 창의적인 만화가로서 자유를 얻었다고 기뻐한 그는 평소에 좋아하던 영화 등을 주제로 만화를 그렸지만 생각만큼의 반응을 끌어내지는 못했다.

그러다가 자신이 잘 아는 것, 직접 경험한 것에 대해 만화를 그려보자, 라며 사고의 전환을 시도했다. 그게 뭐겠는가, 전자제품 마케터의 인생이었다. 그래서 태어난 것이 《시마 과장》이었고 《시마 과장》 시리즈는 이제 《시마 회장》과 《학생 시마》가 나올 만큼 일본에서 독자들의 꾸준한 사랑을 받게 되었다.

데뷔 40년 차를 맞이한 히로카네 켄시에게 인터뷰어가 물었다.

"다른 만화가가 경험하지 못한 장르를 내가 특기 분야로 할 수 있겠다는 계산이 있었는지요?"

"83년에 《시마 과장》 연재를 시작했는데 그 당시 샐러리맨이 주인공인 만화는 네칸만화뿐이었어요. 제대로 된 '스토리'가 있는 만화는 없었습니다. 회사다운 회사를 다니다가 만화가가 된 사람이 거의 없었기 때문이죠."

사람은 자신이 아는 것에 대해 이야기할 때, 자신이 잘하는 것을 활용해서 무언가에 새롭게 도전할 때 자신감도 생기고 실력도 더 발휘되는 것 같다.

조직 생활에는 배울 점도 있고 배우지 말아야 할 점도 있다. 선진적인 조직에서도, 문제가 있는 조직에서도 배울 점은 있다. 하다못해 나와 맞지 않는 사람을 통해서도 초연해지는 법을 터득해나간다.

회사는 사람들이 모여 있는 곳이라 유기적인 생물체와 같다. 컨디션이 좋았다 좋지 않았다 하고 사람 하나에 따라 분위기가 좋게도 나쁘게도 달라진다.

분위기가 뒤숭숭해져서 일을 그만두고 싶다고 해도 파도가 저만치에서 밀려올 때는 휩쓸리기보다 힘이 닿는 한까지 그 파도를 일단 넘어보는 시도를 한다. 그 파도들을 넘을 때마다 더욱 단단해진다. 조직 생활에서 한계까지 애써본 경험은 내가 원하던 자유를 구현하는 데 어떤 형태로도 도움을 줄 것이다.

어디서 어떤 일을 하더라도 일의 본질은 같다. 최선의 노력을 다해야 하고, 사람들과 조율할 줄 알아야 하고, 규칙을 따라야 하며 스스로를 통제할 줄 알아야 한다. 그토록 벗어나고 싶었던 조직 생활도 지울 수 없는 과거이자 지금의 내가 만들어진 데에 지대한 영향을 미친 곳임을 인정한다. 변화 이전의 모습이 '악'이고 변화 이후의 모습이 반드시 '선'은 아니다.

또한 조직에서 벗어나 새로운 일을 시작할 때 도전의 기회와 자유를 얻은 것으로 만족하기에는 아직은 부족하다. 정직하게 납득할 만한 실적이 구체적으로 뒤따라줘야, 즉 조직 생활을 할 때 이상으로 분명하고 객관적인 이점이 있어야 그 변화는 비로소 나를 온전히 충만하게 해준다.

자유는 내가 하고 싶은 것을 내가 원하는 방식으로 하는 것이지만 그럴수록 그에 대한 대가는 엄정하게 치를 수밖에 없다. 육체적 고통은 물론 미움받을 용기 그리고 외로워질 가능성도 떠안는다. 내가 선택한 '자유'가 결과적으로 나를 옴짝달싹 못 하게 '구속'하는 결과를 낳기도 한다. 기꺼이 감당하고 그 대가를 치를 수 있는 사람만이 자유를 가질 수가 있다.

"좋아하는 일을 독립적으로 하고 싶어요."

아무리 좋아하는 일이라고 확신해도 조직 밖에 나가서 처음 맞닥뜨리는 자유는 바로 '아무것도 없음 그 자체'다. 없던 일을 만들어내는 것부터 시작해야 할 때, 그때 느끼는 자유의 무게는 조직 속에서 느꼈던 통제의 무게보다 곱절은 무겁고 부담스러울지도 모른다. 알아서 일이 주어질 때가 편하고 좋았다고 생각할 수도 있다. 자유가 그토록 소중한가. 그만한 가치가 있나. 대개의 사람들은 그 과정 중에 도리어 '자유롭지 않을 권리'를 택하기도 한다.

변화가 생기면 사람은 과거의 자신으로부터 완전히 벗어나고 싶어 하지만, 모든 것을 새롭게 바꾸려고 애쓰는 대신 자신이 그간 무의식적으로 쌓아온 '좋은 것들'을 소중히 살려내면 그것이 얼마나 많은 가치를 가져다주는지 모른다. 당연하게 생각하거나 눈에 보이지 않았던 것들을 새로운 환경에 풀어놓아보면 얼마나 귀중한 자산들인지가 새삼스레 보인다. 안에서 단단하게 다져진 자산들이 실질적인 변화를 만들어낸다.

현재 어떤 일을 하건 일의 기술적 내용보다 그 일에 접근하는 태도를 배우고 쌓아나가는 것이 중요하다고 생각한다. 일하는 방식의 틀을 견고하게 잘 잡아놓으면 그 안에 어떤 내용물의 일을 적용시켜도 조금만 익숙해지면 일을 잘해낼 수 있는 저력이 되어준다. 다시 말해 과거의 그 어떤 일에 대한 경험도 쓸모없는 것은 없다.

나는 20대 때 35살 이후의 인생을 단 한 번도 상상해보지 못했다. 35살까지 일하고 그다음엔 '그 후에도 영원히 행복하게 살았습니다'인 줄로만 알았다. 웬걸, 그 후에도 길고 긴 인생이 기다리고 있었다. 세월의 흐름과 더불어 우리가 변해간다 해도 결코 변하지 않을 일에 대한 좋은 태도들을 내 안에 차곡차곡 쌓아나가고 싶다.

'변화'라는 개념은 결코 새롭거나 화려한 것이 아니다. '변화'는 '결코 변하지 않을 좋은 것들'에서 온다.

나를 쉽게 위로하지 않을 것

"자신감을 가지고 도전해보세요! 파이팅!"

오랫동안 품었던 꿈을 토로하는 사람에게 이렇게 말하는 사람들을 보고 있노라면 고개가 갸우뚱해진다. 왜냐하면 지금 여기서 자신감을 가질 수 있는 사람은 그 일과 아무 관계가 없어서 부담 없이 응원할 수 있는 사람들이고, 정작 꿈을 품은 당사자는 자신감이라는 것을 가지기 위해 절대적인 시간과 인내심과 노력을 필요로 하기 때문이다.

잘 알지도 못하는 제3자가 자신감을 가지라고 해서 얻게 되는 것은 자신감이 아니라 일시적인 위로 혹은 장기적인 망상이다. 그 꿈을 정말 이루고 싶었다면 타인의 격려에서 자신감을 얻을 필요 없이 이미 목표를 향해 첫발자국을 내딛고 있었을 것이다.

'하고 싶은 일'을 포기하기 힘들다고 말은 하지만 하나둘 나이가 들면서 좋아하는 일 혹은 꿈을 좇을 가능성과 용기는 현실적으로 점점 줄어들고 있다. '가능성이 아예 없다'고 하면 결정이 쉬워질 수도 있지만 현실적으로 가능성이 제로가 아니니까 더욱 어렵다. 꿈과 현실 사이에서 끊임없이 흔들린다. 꿈을 한번 좇아 볼까? 혹은 이쯤에서 체념할까? 여기에 바탕이 되는 감정은 '이제 뭔가를 시작하기에는 너무 늦어버렸다'는, 희망을 가지는 것에 대한 체념이다. 하지만 그런 사람들은 '이제 와서 뭘'이라는 소리를 1년 전에도 했으면서 여지껏 아무 행동도 하지 않았을 것이다.

나는 인생에서 반드시 좋아하는 일 혹은 꿈꾸던 일을 해야 한다는 강박은 버려도 좋다고 생각한다. 사람들은 대부분 좋아하는 일을 하지 않으면서 살고 있고, 그렇더라도 충분히 인생은 살 만하다고 생각할 수 있는 세상이 좋은 세상이기 때문이다. 어떤 일을 하고 싶었고 시도나 노력도 해보았지만 뜻대로 풀리지 않아서 지금은 이 일을 한다는 것도 존중받아야 할 삶의 방식이다.

   '꿈을 가지긴 가져야 하는데 무슨 꿈을 가져야 할지 모르겠다'고 괴로워할 필요도 없다. 특히 고등학교

나 대학교를 갓 졸업한 이들이 '천직을 찾지 못하겠다'고 괴로워하는 것은 어불성설이다. 대부분의 사람은 그 나이에 자신이 뭘 원하는지, 뭘 잘할 수 있는지 모르는 게 당연하다. 안다고 확신해도 나중에 바뀔 확률이 훨씬 높다. 사회에 나가 여러 가지 일을 겪으면서 하나둘 차차 알게 되는 것이다. 모두가 그렇게 헤매면서 찾거나, 결국엔 찾지 못했지만 지금 하는 일에서 나름의 보람을 발견해간다.

하고 싶은 일을 하기 위해 지금 가진 모든 것을 내던질 이유도 없다.

특히 그중에서도 '그다지 좋아하진 않지만 제법 잘하는 일'을 경시하는 것은 의외로 많은 문제를 만든다. 왜냐하면 '내가 하고 싶은 일'이라는 것은 대개의 경우 '내가 아직은 잘하지 못하는 일'이고 그래서 그 분야에서 자신을 드러낼 수 있게 되기까지가 그리 만만치 않다. 그럴 때 '해야 하는 일'로 기초 체력을 다지면서 그다음 단계로 '내가 제법 잘하는 일'로 능력치를 올리고 그런 다음 '내가 원하는 일'과의 접점을 찾을 수가 있다. 현재 '내가 해야 하는 일' 안에 '내가 하고 싶은 일'의 요소가 포함되어 있다면 그것도 괜찮은 시작이자 꿈을 추구하는 실질적인 과정이다. 궁극적으로 '내가 하고 싶은 일'을 실제로 하게 되었을 때 충족감을 느끼려면 그 일은 '내가 제법 잘하는 일'이어야 지속 가능해지니까.

한편, 하고 싶은 일을 하려면 현실적으로 무리할 수밖에 없다. 편안하고 자연스럽게, 어떻게 하다 보니 이렇게 되었다, 는 말은 대개가 거짓이다. 무리하는 것이 되레 자연스럽고 당연한 일이다. 원래 하던 대로 하고 있다면 그 어떤 변화도 일어날 수 없다. 무리한 만큼 앞으로 전진하고 선택의 폭이 넓어지면서 인생의 기회가 열리는 것이 현실이다.

내게 주어진 시간은 이것밖에 없다는 절박감도 힘을 실어준다. '무리'라는 말이 버겁게 느껴지면 '최선의 성실함'이라는 말로 대체하면 된다. 성실함이라는 단어는 지금의 저성장 시대에서 매우 홀대받는 개념이다. 고도 자본주의 사회에선 '열심히 해봤자 남 좋은 일 해주는 것'이 되고 개개인의 노력이나 성실함은 착취되거나 소진당할 뿐, 개인 차원의 노력보다 시스템이 우선적으로 바뀌어야 한다고 말한다. 하지만 어느 시대에도 인간은 개인적인 차원에서 더 나아지고 싶어 하는 욕구가 있었다. 자신이 하는 일이 '의미'가 있기를 바랐고 그 가치를 찾기 위해 분투해왔다. 그렇지 않으면 인생 자체가 너무나 공허해 살아갈 수가 없지 않은가?

이용당하지 말고 인간답게 살라고 하기 전에 자신의 일에서 기쁨을 찾고 성실할 수 있는 권리도 있는 것 아닐까. '하면 된다' '최고가 되어라'식의 맹목적인 응원은 억압적이고 '애써봤자 어차피 남 좋은 일'은 무기력해 보인다. 가급적 양극단을 피한다.

젊을 때 성실하게 애쓰고 노력하는 것은 기초 체력 쌓기 훈련 같은 거라서 몸과 정신에 각인시킬 수 있을 때 해놓지 않으면 훗날 진짜로 노력해야 할 때 노력하지 못하거나 아예 노력하는 방법 자체를 모를 수 있다. 잘 될지 잘되지 않을지 모르지만 젊은 시절 온 힘을 다해 노력했거나 몰두한 경험 없이 성장해버리면 '헐렁한' 어른이 되고, 만약 원하는 것을 이루지 못했을 때 '이건 나의 최선이 아니었으니까'라며 마치 어딘가에 자신의 최선이 있다고 착각하면서 스스로에게 도망갈 여지를 준다.

　노력을 하다 보면 종종 좋은 결과가 나오기도 하고, 그런 성취의 경험이 주는 용기와 힘은 상상 이상으로 크다. 한때의 '하면 된다'는 말이 공허해질 만큼 지금의 사회 시스템은 개인을 도와주지 못하고 있지만, 그런 것이 있든 없든 자신이 가지고 있는 잠재력을 어떻게 살리느냐가 인생을 좌우한다는 점은 앞으로도 쉽게 달라지지 않을 것이다.

소득 양극화, 사상 최고 실업률, 막힌 계층 간 이동……. 시대가 이렇다 보니 노력이나 최선 같은 단어를 쓰는 것이 민망하고 죄스러운 시대가 되어버렸다. 그렇다고 해도 열심히 해보자나 성실하자는 말을 쓰면 인간이 우스워지는 시대에도 나는 적응할 수가 없다. 왜냐하면 그럼에도 불구하고 그렇게 온 마음을 다해 애쓰는 사람들에게 늘 자극받고 힘을 얻어왔으니까. 덩달아 힘내야지, 같은 마음이 들었으니까.

　노력하면 바라는 모든 것을 이룰 거라고 장담할 생각은 없다. 하지만 최선을 다한 사람에게는 적어도 최선을 다하지 않은 사람에 비해 그 나름의 보상이 주어진다. 게다가 열심히 노력하는 일은 주저앉아 한숨만 쉬거나 세상을 원망하거나 자기혐오에 빠져 있는 것보다 훨씬 더 즐겁고 신나는 일이다. 현실주의자인 나는 감나무에서 감이 떨어지길 기대하지 않는다.

소소한 행복을 추구하는 삶의 방식을 항간에서는 예찬하지만, 그것은 시종일관 나른한 것이 아니라 열심히 달려본 후에 누리는 여유가 아닐까. 나는 살아가면서 내가 좀 더 나아질 수 있다는, 내가 나에게 지고 싶지 않다는 간절함을 필요로 한다. 가치 있다고 생각하는 일에 몰입하는 기분은 생생히 살아서 숨 쉬고 있다는 실감을 안겨준다. 그렇게 온 힘을 다해 해낸 것들이 끝까지 남는다고 생각한다.

실패에 대처하는 방식

노력하는 일의 변하지 않는 소중함에 대해 가열하게 얘기했건만 노력만을 미화하거나 긍정하는 일에는 조심스럽다.

이루고자 하는 바를 실패했을 때 목표에 대한 성취보다 노력하는 과정에 의미를 둔다, 라는 말이 있는데 그 말의 반절만 믿기로 한다.

인생에는 시범 게임이란 없다. 본 게임에서 실패했다면 실력이든 노력이든 재능이든 부족한 부분을 키워야지 과정과 경험의 소중함과 아름다움을 논하고 끝내기는 아쉽다.

실패를 직시하고 어설픈 위로나 정신 승리를 하지 않는 사람들이 좋다. 그렇게 할 수 있는 이들은 그 이전에 단 한 번이라도 '이겨본' 경험이 있기에 저런 말을 자신에게도, 남에게도 하지 않는다. 지는 것과 이기는 것 사이에는 진 입장에선 상상하기 어려운 많은 것들이 존재함을 외면하거나 축소하지 말자는 것이다.

미국의 방송인 코난 오브라이언도 다트머스대학교 졸업 축사에서 이렇게 말했다.

> "실망스러운 일을 겪게 되면서 자신에 대해 더 잘 알게 되어 그것이 장차 힘이 되어주고 실패를 두려워하지 않게 된다는 것은 좋은 일이지만…… 기왕이면, 가급적이면 실패까지 가지 않도록 잘해야겠지요."

"괜찮아."
"다들 겪어가는 과정이야."
"이러면서 배우는 거지."

누군가는 다정한 위로를 건네지만 그것이 자기 연민을 허락하는 것이어서는 곤란하다. 그래서 나는 코난 오브라이언이 자신의 말을 듣고 있는 대학교 졸업생들이 미처 안도하기도 전에 '그래도 가급적이면 실패까지 가지 않도록 스스로를 돌봐야 한다'고 못 박는 조언이 와닿았다. 1등이나 최고가 되거나 무조건 이겨야 한다고 말하는 게 아니다. 다만 포기하지 않을 거라면 내가 나아지는 것, 그리고 나아가는 것 말고는 방법이 없음을 말하고 있는 것이다.

"괜찮아"라고 대답하는 대부분의 사람들은, 사실 속으로는 하나도 괜찮지 않은 것이다.

남과 다른 목소리

주변의 모든 사람이 싫다고 하니까 나는 좋은데도 좋다고 말하지 못할 때, 아무리 봐도 별로인데 다른 이들이 칭찬하니까 그냥 같이 좋다고 말해줄 때가 있다. 남과 다른 생각을 가지고 있다는 것, 어느 쪽에 전폭적으로 동조하지 못하는 것으로 곡해당하지 않을까, 따돌림당하지 않을까, 상처받지 않을까 신경 쓰이고 궁극적으로는 저들 말대로 내가 틀렸거나 잘못된 생각을 가진 게 아닐까, 라는 자기부정의 공포를 갖게 된다.

소신을 솔직하게 말한다는 것은 점점 어려운 일이 되어간다. 대다수의 의견과 일치한다면 안전하다고 간과하기에 딱히 자기 생각을 의심하진 않지만, 소수 의견을 가진 사람이라면 마음 한편으로 '내 생각이 과연 맞는 생각일까'라는 의심을 품게 된다. 자기 말에 책임을 지지 못할 것에 대한 두려움도 가진다. 그런 번거로움과 불안함이 싫어지면, 소수 의견을 내기가 점점 더 힘들어지고, 양극단화된 목소리의 사회가 되어간다.

고등학교 2학년 때 들었던 뉴욕 공립 고등학교의 역사 수업이 기억난다. 유태계 미국인 여성인 바바라 선생님이 이끈 그 수업은 오로지 토론으로만 이루어졌다. 고등학생들은 U자 모양으로 둘러앉아 그날의 주제를 가지고 찬반 그리고 중간자적 입장의 논지를 자유롭게 발언했고 간혹 가다가 선생님은 조용한 학생들이 먼저 발언하도록 유도했다. 수업은 양쪽 입장의 논리에 대해 수긍할 만한 점을 평가하고 재고할 만한 지점이나 놓친 논점을 짚어준 후, 본 논쟁이 실제 역사의 흐름을 어떻게 바꾸어놓았는지에 대한 선생님의 강의로 마무리되곤 했다. 나는 그 수업을 통해 상황을 입체적으로 생각하는 일과 상대의 입장에 서서 바라보는 법을 배웠던 것 같다.

가끔 그 수업이 그립다. 고작 고등학생이던 우리는 때로 그럴싸하게 논리적인 주장도 했지만 주로 바보 같거나 외골수 같은 의견을 냈고, 근거 없이 다른 학생의 의견을 비방했다. 하지만 선생님은 토론이 누가 누구를 이기기 위한 것이 아닌, 무지하거나 놓친 부분을 서로를 통해 알게 되고, 각자의 입장과 나와 다른 생각을 가능한 한 깊이 이해해보는 훈련임을 매번 강조했다. 우리는 섣불리 남의 입을 막거나 남을 내 편의대로 판단하지 말아야 한다고.

어른이 되고 교실 밖 현실 세계를 마주하자 소싯적 바바라 선생님 같은 역할을 해주는 인물이 사회에서 매우 드물어 슬펐다. 공공의 영역에 종사하는 분들이 상호 이해와 조율에 앞장서주는 것이 이상적이겠지만 현실은 그들이 앞장서서 분열과 불통을 조장하고 편 가르기와 대립을 통해 이득을 취한다.

습관적으로 집단에 흡수되어 상대편을 거부하고 미워하는 것에만 익숙해지면, 'NO'의 타당성과 내용보다 누가 '더 격하게' NO를 외치냐에만 집중하게 된다. 'NO'를 표명한 것 자체에 이미 만족하다 보니 뭐가 'YES'인지도 정확히 밝혀야 하는데 아무도 그에 대한 말은 하지 않는다. 서로를 이해해서 접점을 찾으려고 다가가는 것조차도 '타협'이라며 지탄받는다 대체 타협이라는 단어가 언제부터 비겁함과 기회주의의 대명사처럼 쓰이게 되었을까.

'당신의 의견에 대체적으로 수긍하지만 이런 문제점도 있어' 같은 입장을 드러내면 '너는 대체 누구 편이냐'고 물어뜯으며 논점을 흐린다. 그러니 사람들은 괴롭고 피곤해서 '내 앞가림이나 잘하자'며 점점 자기 생각을 밝히기를 꺼린다. 자신의 잣대로 세워진 정의감을 앞세워 성급히 "넌 이렇게 해야만 해"라고 막다른 골목으로 몰아세우는 사람들도 있다. 이런 사람들은 대개 쉬운 말은 두고 일부러 어려운 단어를 써가며 말하는 사람, 그럴싸한 '거대한' 단어들로 선동하는 사람, 평소 말하는 것과 일상생활에서 전혀 다른 모습을 보이는 사람이다.

> 목소리가 크고 공격적인 사람들을 피하십시오. 그들은 영혼을 괴롭힙니다.

프란치스코 교황은 말한다. 이런 사람들이 기분 나쁜 것은 자신의 생각을 타인에게 강요하고 극단적인 주장으로 상대를 굴복시키려고 하기 때문이다. 하지만 세상의 많은 일들은 회색 지대에 놓여 있기에 스스로 먼저 회의할 줄 아는 자세를 가지며 타인의 말을 경청해야 할 것 같다. 생각의 중심은 그런 과정을 거쳐 세워진다.

극단적인 경향은 근래 사적 영역에서도 엿보인다. 굳이 이렇게까지 문제를 키울 일인가 싶은 사안들이 공론화와 법적 조치까지 가는 일들을 지켜보며 안타까움을 느낀다. 처음에는 사소한 오해에서 비롯되었을 것이다. 말 못 할 서운함을 가진 채로 한 번 더 어긋나는 일을 겪으면 그때 마음을 다치게 되고, 앙금을 풀기보다 '내가 아픈 만큼 너도 아파봐'라며 상대를 찌른다. 하필이면 내가 '별로 좋지 않은 상태'에 있다면 더더욱 오해하고 분노할 준비가 된 셈이다. 화해를 시도한다면서 '내가 옳다'를 입증하고 설득하는 데 골몰하면 대화는 평행선을 그리게 된다. 화난 마음이 갈 곳을 잃으면 '내 편'이 되어줄 관중을 끌어모으기 위해 그 문제를 공론화시킨다. 한데 갈등이 한번 공론화되면 대부분 당사자들끼리 해결할 타이밍은 놓치고, 내 편을 향해 내 입장을 어필하는 데에 더 애쓰게 된다. 관중은 제 입맛에 맞게 상황을 편집해서 소식을 나르고, 진실은 점차 왜곡된다. 지켜보는 사람들이 있으니 싸움을 멈출 수도 없다. 양쪽이 모두 황폐하게 무너져야 끝나는 갈등.

물론 사적인 사안이라 해도 옳고 그름의 '정도'는 판별되기도 하겠지만 그와 별개로 나는 거기에 '마음의 상처'를 주고받은 정황이 있었다는 사실을 바라본다. 이유는 상관없고 누구의 상처가 더 큰지도 의미 없다. 중요한 것은 내가 받은 마음의 상처를 가슴 아프게 인지하는 만큼 상대가 받았을 상처도 헤아려보려는 노력이다. 아무리 화가 나도, '저 사람 입장에선 이런 부분이 아팠겠다'라고 상상해보는 것. 상대의 마음을 헤아리는 일에 야박하고 오로지 내 다친 마음을 돌보는 일에만 급급하면 방아쇠만 쉽게 당겨지고 모두가 다친다. 내가 가장 중요한 세상이라지만, 나만 중요한 것은 아니다. 사람들은 늘 내가 모르는 저마다의 힘든 싸움을 하고 있음을 되새기도록 한다.

휴식의 어려움

과로와 신경 쓸 일들로 몸 컨디션이 나쁘면 보통 듣게 되는 말이 '쉬엄쉬엄 일해'인데 이 말은 여전히 형용모순 같고 감이 잘 오지 않는다.

나의 고질적 문제점들 중 하나는 바닥을 칠 때까지 에너지를 소진시키는 습성이다. 100이 풀로 채워진 에너지라고 한다면 에너지 잔고 30 정도에서 멈추고 쉬면서 거기서 또 힘을 채우면 되는데, 나는 100으로 시작하면 100을 쓰고 쉬고, 10이 남아 있어도 10을 다 쓰고서 쉬게 된다. 물론 0에서 멈추고 재충전한 후 다시 일하면 되는데, 문제는 일하는 동안에 남아 있는 에너지 정도를 가늠하지 못해 멈추면 좋을 타이밍을 놓치고, 그러는 와중에 일에 몰입하게 되어 더한 일 욕심을 부리고, 가끔 타의에 의해 예기치 않은 일들이 보태어지면 가령 15였던 상태에서 바로 -40으로 떨어지는 것이다. 마이너스 상태는 이미 피로가 극심하거나 몸이 아파 일할 수 없는 상태. 다만 그제야 비로소 아무 생각 없이 쉬게 된다.

에너지를 바닥까지 소진시키려는 충동을 참고, 몰아치기 대신 모든 일을 조금씩 천천히 하고, 조금이라도 피로를 느끼면 그때 바로 일을 멈추는 것은 왜 그토록 어려운가. 그것은 성격이 조급하고 통제 욕구가 강하기 때문이다. 우선 내가 완전히 통제할 수 없는 일, 타인이나 타 조직과 얽힌 일들을 어서 빨리 해치워버리고 싶어 한다. 그래야 성가시지 않고 마음이 개운하다. 나중으로 미룬다? 마음이 부대껴서 견디지 못한다. 그러고 나서 '원래 내 일'에 착수하는데, 중간에 끼어든 다른 일들로 에너지가 소진되었다면 잠시 쉬어가도 될 터인데 내 일이 우선순위에서 밀리는 것이 마뜩지 않다. 계획한 대로, 제 페이스를 유지해줘야 직성이 풀리는 것이다. 하지 않았다고 해서, 천천히 한다고 해서, 뭐라고 나무라는 사람도 없고 쫓아오는 사람도 없는데. '해야 한다'고 나를 몰아세워오던 습성이 한편으로는 동력이 되어 그간의 성과를 만들어준 부분도 있었으니 몸에 지독하게 박힐 만도 하다. 그러나 정신이 육체를 지배하던 습성을 계속 유지하긴 현실적으로 어렵다.

쉬는 것을 어려워하는 기저에는 불안증도 한몫한다. 쉬거나 노는 것에 소질이 없는 사람들은 가만히 있으면 불안을 느낀다. 삶이 공허하게 느껴지고 애써 외면하던 본질적 고민들이 불쑥 튀어오른다. 요 며칠도 걱정거리가 몇 가지 있어 신경이 예민해지고, 눈을 감고 쉬려고 해도 불안해서 힘겨워하다가 문득 동네 카페 '사직동 그 가게'의 대문 팻말에 쓰인 티베트 속담이 생각났다.

> 걱정을 해서
> 걱정이 없어질 것 같으면
> 걱정할 일도 없겠네

팽팽한 기타 줄처럼 날이 선 신경을 이 티베트 속담을 속으로 반복하며 심호흡해본다.

쉬는 방법과 마음의 평화를 찾는 방법은 결코 외부에

서 먼저 주어지지 않기에 스스로 부단히 훈련할 수밖에 없다. 일에 있어서 조급증과 강박증을 조금씩 서서히 완화시키고자 과로 금지를 위해 몇 가지 방침을 틈날 때마다 되새기고 있다:

1. 모든 일을 조금 천천히 해보기
2. 조금이라도 피곤을 느끼면 죄책감 없이 일을 멈추기
3. 빨리 일을 해치워버리는 대신 차분히 완성도를 높이기
4. 에너지를 바닥까지 소진시키려는 충동 참기 (변수가 끼어들 틈을 마련하기 위해 20퍼센트 정도 에너지 잔고 남겨두기)
5. 내가 모든 상황을 통제해야 한다는 생각에서 자유로워지기
6. 과로한 날에 '개운하기 위해' 운동하지 않고 그냥 쉬기
7. 컨디션 난조면 집밥을 지어 먹고, 천천히 쉬면서 스스로의 힘으로 회복시키기

제때 쉬어주는 걸 잘 못해서 컨디션 난조로 힘들어하는 나를 두고 친한 동생인 뮤지션 요조가 반은 한심해하고 반은 안타까워하면서 이렇게 일갈했다.

"언니는 나중에 행여 지옥에 가면 지옥 불에서 영원히 쉬는 벌을 받게 될 거예요."

영원히 쉰다니, 상상만 해도 끔찍하다.

*

한편, 컨디션 난조는 단순히 과로 외의 다른 스트레스 요소가 개입된 경우도 많다. 대표적으로 인간관계의 스트레스 요소. 가까운 사람과 갈등이나 긴장 상태에 놓여 있는 건 아닌지. 내가 감당할 수 있는 정도 이상의 사교 생활을 근래 해왔는지. 내심 만나고 싶지 않은 사람들을 무리해서 만나 부하가 걸린 걸지도.

일의 문제도 단순히 많이 해서 문제가 아니라 살펴보면 그 밖의 다양한 스트레스가 섞여 있다. 내 일상과 루틴을 해칠 만한 외부 일이 늘어나서 부대끼는지. 내가 감당하기 어려운 낯설고 새로운 일을 하게 되어 불안이 심신을 좀먹고 있는지. 어떤 일을 남이 내게 바라는 방식으로 해야만 해서 불편하거나 너무 다른 성격의 여러 일을 동시에 처리해야만 하는 상황일지도 모른다.

스트레스 요소들은 서로 촘촘히 연결되어 있는 경우도 많다. 무리해서 과로했더니 몸이 지쳐 운동을 못 하고, 운동을 못 하니 기분이 나쁘고, 기분이 나쁘니 가까운 사람과 다툼을 하게 되고, 일에 집중하지 못하는 상황을 자초한다. 내심 하기 싫은 일이나 만나기 싫은 사람을 꾸역꾸역 소화해보려다가 안에서 곪아 숙면을 못 취한다. 수면의 질이 나빠지면 견디는 힘이 약해져서 마침 들어온 좋은 일의 기회를 놓치기도 한다.

그렇게 모든 것이 한 덩어리로 나를 힘들게 하는 날— 신경은 날 서 있고 몸은 무겁고 온 세상이 나를 괴롭히려고 작정한 것처럼 보일 때면 잠시 호흡을 가다듬고 낮은 수준의 고통의 원인부터 차례차례 맥을 짚어본다. 문제를 인식해야 풀어내기 위한 실천으로 이어지니까. 한데 이 일련의 과정을 거치다 보면 때로는 그간 정신없이 몸과 마음을 혹사시키며 바쁘게 살았던 이유가 실은 자신의 진짜 중요한 문제를 회피하기 위해서였음을 깨닫기도 한다. '진짜 중요한 문제'들은 주로 무척 괴로운 것들이라 생각할 틈을 일부러 허락하지 않기도 하는 것. 심신의 적신호가 '가장 중요한 것부터 직면하라'는 의미심장한 메시지를 건네준 셈이다.

'나와 너의 개인성을 인정한다'

_____

공정함

5부

나를 존중하기

있는 그대로의 나 자신을 사랑해주자, 라는 말에 우리는 그간 얼마나 의지해왔을까?

"너는 하찮은 사람이 아니야."

"넌 사실은 좋은 점을 많이 가진 매력적인 사람이야."

"있는 그대로의 자기 자신을 인정하고 사랑해줘."

인생의 어느 시점에서 이런 말들은 분명히 위로를 주었을 것이다.

있는 그대로의 나를 사랑하자는 말은 정말로 최선을 다했는데도 일이 잘 풀리지 않을 때 잠시 나를 다독이는 용도로 쓴다면 모를까, 언제부턴가 이 말이 아무것도 하지 않으려는 자기 자신에 대한 변명으로 이용되는 것 같다.

"이게 나야, 어쩔래?"

"난 원래 이런 사람이야."

이렇게 말하며 현실을 외면한다.

있는 그대로의 나를 사랑한다는 말은 아름답지만 이대로의 내가 좋다고 하면서 더 나은 방향으로 움직일 생각은 없다. 그런데 있는 그대로의 그 모습에 정말 만족하긴 하는 걸까?

있는 그대로의 나, 라고 하는 것은 실은 '있는 그대로의 나를 넘어서려고 노력하는 나'로 이해해야 하지 않을까.

자존감이 낮다고 토로하는 사람들을 종종 본다. 그들은 자존감은 타고나는 거라고 생각한다. 부모님의 사랑을 듬뿍 받아 애정 결핍에 시달리지 않고 탁월한 외모와 재능을 가지고 태어난 사람들만이 자존감을 가질 수 있다고 믿는다. 대체 우리 중에 그런 행운을 타고난 사람이 몇이나 될까.

대부분의 사람들은 저마다 겉으로 보이지 않는 문제를 끌어안고 살아간다. 성장기 시절 지울 수 없는 상처를 받았다고 해도 어떻게든 상처받은 '마음속 아이'를 달래가면서 버티고 후천적 노력으로 자존감을 조금씩 회복해나간다. 타인의 안정된 자존감을 '타고난 행운 탓'으로 정의하려 든다면 그것은 변화 가능성을 외면하는 것이 아닐까.

자존감은 '나를 사랑하자' 같은 자기암시나 구호로 얻어지는 것도 아니다. 남들과 비교해서 내가 낫다고 생각할 때 생기는 것도 아니다. 자존감은 '나 자신을 아는 것'과 긴밀히 연결되어 있다. 스스로를 보다 객관적으로 바라보면서 좋은 점을 늘려나간 만큼 나를 존중하도록 만들어준다. 다시 말해, 타고난 것이나 주변 환경과 상관없이 나 자신과의 관계에 자존감이 좌우된다.

자존감이 소중한 것은, 나의 불완전함을 있는 그대로 받아들이면서도 더 나은 사람이 되려고 애쓸 때 우리는 타인의 결핍이나 불완전함을 이해할 포용력을 가지기 때문이다. 완벽주의에 묶여 자신에게 가혹한 사람이나, 자신의 껍데기 안에서 한 걸음도 밖으로 나가려고 하지 않는 사람들은 타인에 대해서도 역시 가혹하거나 깎아내리려 할 것이다. 그런 사람들은 자의식은 강하지만 자존감은 낮아 자신의 문제를 상대에게 곧

잘 투영한다. 자존감이 낮다면서 자기 연민에 빠져 주변 사람들에게 감정 노동을 시킨다.

한편, 마음속 깊이 신뢰하는 한 사람이 나를 존중해주면 그것이 얼마나 힘이 되는지 모른다. 자신에게 가장 상처가 되는 말을 그 누구보다 내가 잘 알기에 스스로를 상처 입혀왔지만 좋아하고 존경하는 사람의 격려 한마디에 콤플렉스의 무게가 가벼워질 수 있다. 나를 좋아하지 않는 사람들에게 억지로 인정을 구걸할 필요도 없어진다. 살면서 진심으로 좋아하고 따르고 싶은 선배나 어른, 친구를 만나게 되면 굳게 닫힌 마음의 문을 열어 좋은 기운과 영향을 받도록 한다. 보다 나은 '나'가 될 수 있게 도와주는 사람들을 주변에 두는 것은 그토록 중요하다.

내심 좋아하지도 않은 사람에게 잘 보이려고 부단히 애썼던 시절이 있었다. 내 감정과 상관없이 그가 내게 부정적인 태도를 보이면 불안해했다. 왜 나를 미워하지? 내가 뭘 잘못했지? 이런 불안감과 두려움에 더 잘 보이려고 나답지 않은 부자연스러운 연기를 하곤 했다.

왜 그렇게 계속 '남에게' 좋은 사람이 되어야만 했던 걸까? 곰곰 생각해보니 나는 자존감 부족을, 나의 불안정한 자아를, 타인과의 관계 즉 인정 욕구로 채우려고 했던 것이다. 그러려면 나를 미워하는 사람이 단 한 명도 있어서는 안 되었다.

그 어느 때라도 인간관계가 기쁘기 위한 기본은 '그 사람과 같이 있을 때의 내 모습을 내가 좋아하는가' 여부이다.

누군가를 좋아한다면 내키는 만큼 감정과 헌신을 보여도 좋지만 '나'를 잃어버리진 않았으면 좋겠다. 주는 것이 자연스러운 기쁨이 되어야지 그것이 '무리'가 되면 나중에 그 '대가'를 요구하게 될지도 모른다.

관계에서 무리한 사람은 "내가 이렇게까지 했으니까 언젠가는 내가 바라는 보답이 돌아올 거야"라면서 무의식중에 대가를 기대하는데, 보답이 돌아올 기미가 보이지 않으면 어느 날 채워지지 못한 섭섭함이 밖으로 터져 나와 그 대가를 받아내려고 쌍심지를 켠다. 상대는 눈을 휘둥그레 뜨고 의아해한다. 내 마음을 전혀 이해하지 못하는 그 사람과의 관계는 어느덧 무겁고 힘들어진다. 무리해가면서 좋은 사람이고자 했던 일들은 결과적으로 관계를 불편하게 만든다.

 자신을 존중하는 마음이 없다면 상대도 나를 존중할 필요를 느끼기가 힘들다. 사람들은 자기 때문에 무리하는 사람보다 솔직하고 자연스러운 사람을 곁에 두기를 원하니까.

타인과의 비교

남과의 비교는 모두를 일생에 걸쳐 꽤 오래도록 괴롭히는 문제다. 외모 비교, 학교 비교, 직장 비교, 결혼 비교 등 비교의 주제는 끝도 없다. 자기 자신에 대한 비교 자학이 끝나면 그다음엔 자식을 낳아 아이의 외모 비교, 학교 비교, 직장 비교…… 끝도 없는 네버 엔딩 스토리다. 특히 10대나 20대 때는 주변 또래들과 비교를 하지 않으려야 하지 않을 수가 없다. 한창 여러 사람들을 접할 때이고, 그 나이에 질투심이나 열등감이 있는 건 그만큼 뜨겁고 아직 미지의 가능성을 품고 있기 때문이다. 나 역시도 30대 중반쯤까지는 우월감과 열등감, 비교와 질투의 문제에서 자유롭지 못했던 것 같다.

흔히들 남과 비교하면 불행해진다고 하면서 남과 비교하는 대신 '어제의 나와 비교하라'는 조언을 많이들 한다. 나는 내 안에서 나오는 여러 이글이글한 감정들을 마주해야 한다고 생각한다. 그것도 내 감정이라면 무시하지 말고 인정해야 한다. 그 감정을 계속 억누르며 끙끙거릴 바에야 누가 미우면 미워하는 게 낫다. 누구에게 질투가 나면 속이 쓰린 게 당연하다.

    다만, 거기에는 규칙이 있다. 만약 내가 상대와 나를 비교하며 미워하기로 작정했다면 왜 그토록 미워할까를 한 번 더 생각해야 한다. 더 나아가 질투나 비교를 하기로 결정했다면 그것들을 극복할 나의 행동이 잇따라야 한다. 그것을 하지 못하면 대개 상대를 어떻게든 흠집 내거나 자신을 공격하며 자학하게 된다. 둘 다 마음에 들지 않지만 이 중에서 더 좋지 않은 것은 후자라고 생각한다. 꾹꾹 누르고 넘어가면 속에서 곪을 대로 곪아 꼬인 성격을 만들어 언젠가는 엄한 데서 터지기 때문이다.

비교하기로 했다면 공정하게 해야 한다. 단순한 비교 자학이 아닌 엄정한 상황 분석 말이다. 사람들은 보통 자기보다 별반 나아 보이지 않거나 하물며 못해 보이는 인간이 내가 내심 욕망했던 것을 이룰 때 가장 부글부글 화를 내는 것 같다. '어떻게 내가 아닌 저런 사람이!' 납득이 가지 않아 혼란스럽다. 내가 아는 그 사람의 표면적인 모습이 그 사람의 다가 아니고, 알고 보면 그럴 만한 이유가 있음을 인정해야 한다. 충분히 그 성취를 누릴 만큼 뒤에서 애썼을 것이다. 다만 내 시야에서 보이지 않았을 뿐.

질투가 나를 삼켜버리게 놔두기보다 '그렇다면 나에게 부족한 것은 무엇일까'를 생각하며 목표를 보다 섬세하게 구체화해나가도록 한다. 그런 태도를 가지면 반짝거리는 사람들에게 질투라는 감정 대신 자극을 받아 그들의 좋은 부분을 순수하게 닮고 싶어진다.
　소설가 스티븐 킹은 자신의 대중소설 옹호 연설을 반박 글로 깔아뭉갠 소설가 셜리 해저드에 대해 다음과 같이 일침을 놓은 바 있다.

> "일이나 해. 인생은 짧아. 가만히 앉아서 우리가 하는 일에 대해 쓰레기 같은 이야기를 하는 대신에, 진짜 일을 해. 신께서 재능을 주셨지만 살날은 많지 않으니까."

남에 대해 이야기할 시간과 기력으로 나의 일을 하기로 한다.

복잡한 미움이 가르쳐주는 것

당신에게는 그냥 싫은 사람이 있는가? 그냥 왠지 싫은 사람. 미묘하게 거슬리기 시작하고 괜히 그 사람 생각만 하면 마음이 전전긍긍. 게다가 그 사람을 미워하는 나에게 더 화가 난다. 뭘까, 이런 마음.

그냥 나와 인생관이나 가치관이 맞지 않아서, 가 이유면 문제는 단순하다. 거리를 두고 무관심해지면 된다. 연락을 먼저 하지도 않고 먼저 연락이 와도 적당히 무시하거나 둘러대면 된다. 싫은 이유가 깔끔해서 스트레스가 없다. 상대도 바보가 아닌 이상 나와 맞지 않는다는 걸 알 것이니 국제정치학에서 말하는 세력균형 Balance-of-Power 이론처럼 서로 간에 적당히 자기 영역에서 벗어나지 않고 따로 떨어져서 공존하면 된다. 쉽게 말해 '넌 너대로 거기서 놀아. 난 나대로 여기서 놀 테니까 서로 건드리지 말자구'. 말이 통하지 않는 사람들끼리는 어차피 서로에게 좌절만 주니까.

그러나 그보다 한층 더 깊이 들어가는 감정이 있다. 바로 복잡한 미움이다. 나는 이 '복잡한 미움'이라는 감정이 무척 흥미롭다. 자꾸만 생각나면서 마음이 심란하고 괴롭다. 실타래를 풀어보니 복잡하게 미워하는 감정은 나라는 사람에 대해 많은 것을 가르쳐주었다.

복잡한 미움에는 몇 가지 유형이 있다.

우선, 그에게서 나의 싫고 못마땅한 점이 보여 미운 사람이 있다. 비슷해서 싫은 동종 혐오 같은 것이다. 평소에 의식하지 못했던 자신의 취약점을 상대에게서 발견할 때 당황스럽고 새삼 억눌러놨던 상처 부위가 시큰시큰 아파 온다. 회피하고 싶었던 나의 추한 면모를 그가 거울이 되어 환하게 비춰주니 그 사람을 보면 괜스레 불편하다. 내가 해결하지 못한 문제를 직면할 용기가 없어 피하고 있었는데 상대가 내 눈앞에 '너 아직 숙제 남았어'라고 들이대는 것만 같다. 이는 내가 극복하거나 풀고 나아가야 하는 콤플렉스를 알게 해준다.

그다음으로는, 내가 가지지 못한 걸 가진 사람에 대한 미움이다. 일견 질투인데 이건 상대가 아니라 '나'의 불안감이나 욕구불만이 문제다. 내가 아무리 애써도 가지지 못한 것을 그는 너무 자연스럽게 가지고 있다면 결핍이 주는 아픔이 미움을 더욱 가중시킨다. 상대가 나한테 뭘 잘못했다면 직접 싸울 거리가 생겨 좋은데 그 사람이 내게 잘못한 건 없고, 그렇다고 혼자 속으로 감정을 삭이자니 잘되지 않고, 인정하고 싶진 않지만 이것은 나의 자격지심 문제임을 안다. 이런 감정은 채워지지 못한 나의 욕망이 무엇인지를 알려준다.

마지막으로, 관심의 불균형에서 비롯된 미움도 있다. 내가 상대에게 원하는 만큼의 관심을 돌려받지 못했을 때 무시받고 있다고 느끼는 속상함이다. 속내는 '저 사람과 더 가깝게 지내고 싶은데'인데 그 사람에게 나는 그만큼 매력적이지 않았나 보다. 아이라면 "왜 너는 날 나만큼 좋아해주지 않는 거야?"라고 대놓고 묻겠지만 음흉한 어른이 되면 그렇게는 체면상 못 한다. 대신 호의를 되돌려주지 않은 그 사람을 교묘하게 미워하기로 작정한다. 예로, 상대의 취약점을 알아내어 비난의 근거로 삼는다든가.

　　이런 사람은 '왜 내가 저 사람과 친해지고 싶어 하

는지'에 대한 진지한 질문을 스스로에게 해볼 필요가 있다. 그것은 어쩌면 순수한 호감이 아닐 가능성이 있고, 그렇다면 상대방은 이미 나의 불순한 의도를 정확히 꿰뚫어보고 있으니까.

> 미묘하게 누군가가 거슬리기 시작할 때
> 그 일이 자꾸 생각나서 전전긍긍하게 될 때
> 그 생각에 사로잡혀 스트레스받는 나에게 더 화가 날 때

스스로에게 묻도록 한다. 이 복잡한 미움의 정체는 과연 무엇일까, 하고.

내가 누군가를 미워할 때는 상대보다 '나'에 대한 일말의 진실이 그 안에 들어가 있는 것이니 초점을 상대에게 두기보다 나 자신에게 두기로 한다. 타인을 분석하고 판단하는 것은 쉽다. 나 자신을 정직하게 보는 것이 어려울 뿐. 어느 순간 타인에 대한 비난으로 열을 올린다면 나는 그것을 내 안의 공허함이나 불안함에 시선을 돌리라는 자가 신호로 받아들이기로 한다.

부당함에 저항하기

부당한 일을 겪었을 때는 어떻게 해야 할까. 문제를 정면으로 해결하는 것이 가장 좋겠지만 쉬워 보이지 않는다. 나는 문제라고 생각하지만 상대방은 문제라고 생각하지 않고 되레 당신이 피해 의식을 가지고 있다며 이상한 사람 취급하고 아무것도 아닌 것처럼 넘기려 한다. 그럴 때 우리는 곧잘 마음이 약해져서 무의식적으로 자기 합리화를 하게 된다.

우선, 자신이 겪은 부당한 문제를 사소하고 별것 아닌 걸로 축소시킨다. 자기 자신에게 인생에서 한 번쯤 겪는 좋지 않은 일을 겪었다, 똥 밟았다 생각하고 너그럽게 떨쳐버리라고 하는 것이다. 한국 특유의 액땜론, 즉 이번에 좋지 않은 일을 당했으니 다음엔 그럴 일이 없다는 미신도 도와준다.

  '합리성'이라는 카드를 빌려 오기도 한다. 저항하

면 오히려 문제가 더 복잡해지거나 악화될 수 있어 나만 손해라며, 남들이 꾹 참고 넘기는 데에는 이유가 있다고 논지를 편다. 불의에 저항하는 일은 옳지만 내 가족이나 친구라면 말리겠노라고, 똥이 무서워서 피하냐 더러워서 피하지, 라며 '똑똑한' 이들은 그렇게 할 거라고 자기 합리화한다. 한데 어떤 이들은, 피해자들의 바로 이와 같은 '정신 승리' 심리를 보란 듯이 악용한다.

남들 보기에 사소한 문제에 연연하는 내 모습을 보는 것은 유쾌한 일이 아니다. 치사하고 구차해지는 기분이다. 그러나 나에게 중요한 문제는 크고 작은 게 따로 없다. 사소해도 내게 중요하면 힘닿는 한 바로잡고 싶다.

문제를 해결하려 들면 더 복잡해진다고? 가만히 두면 겉으로는 평온할지 모르나 안으로는 독이 쌓인다. 우리는 말로는 똥이 더러워서 피한다고 한다. 천만에, 사실 우리는 그 똥이 두려워서 피하는 것이다.

모든 크고 작은 저항에는 힘겨움이 따른다. 감정 노동의 힘겨움, 스트레스나 번거로움, 구설수, 시간 낭비, (내가 이런 부당한 일을 당할 만큼 약자임을 공개하는 것에 대한) 수치심, 그리고 보복의 두려움. 자신의 의지를 표명하고 저항하는 일은 아주 작아 보이는 문제라도 불안하고 외롭고 두려운 일이다.

한 회사와 이메일상으로 어떤 일을 맡아 하기로 약속했던 적이 있다. 그로부터 두어 달 후, 그 일이 있기 일주일 전 세부 내용을 확인하기 위해 담당자에게 연락했다. 담당자는 당혹스러운 목소리로 그사이 내게 배정된 일이 내부적으로 취소가 되었다고 말했다. 이미 진즉에 결정된 사항이지만 전달하는 것을 깜빡 잊고 만 것이다.

    담당자는 전화로 사과했지만 나는 말로 사과를 받기보다 자료를 준비하기 위해 들어간 노고와 시간, 그날 다른 일을 받지 못한 기회비용 상실에 따른 최소한의 보상을 요청했다. 엄밀히 일의 문제다. '어우, 정말 죄송해요'가 아닌 구체적이고 건조한 형태로 보상받고 싶었다. 하지만 그는 사과하는 의미로 밥 한 끼를 사겠다고 했다. 밥 한 끼? 시간과 교통비를 들여 일부러 그 회사 앞까지 찾아가서 밥 한 끼를 얻어먹는 일이 어떻게 나에게 보상이 되는 일일까. 먹으면서 소화가 될 턱도 없다.

담당자는 그의 상사인 관리자에게 이 건을 올렸고 몇 시간 후 관리자가 연락을 했다. 그는 정식 계약서를 상호 간에 작성하지 않았기 때문에 이 일은 나의 사적인 오해라며 역으로 새로운 주장을 펼쳤다. '오해'라는 말에 나는 놀라움을 금치 못했다. 정식 계약서가 존재한다는 이야기는 애초에 들은 바가 없었고 담당자와 주고받은 이메일은 충분히 법적 유효성을 지닐 만큼 합의 내용이 명료했다. 그럼에도 관리자는 '글 쓰시는 분이/유명하신 분이 왜 (이렇게 쩨쩨하고 없어 보이게) 그러냐'며 나의 포지션을 피해자가 아닌 가해자로 교묘하게 옮겨 나무랐다. 그의 목소리엔 이런 당신의 반응이 외부에 소문나도 괜찮겠냐는 비릿함도 서려 있었다.

글 쓰는 사람들은 금전적인 것에 초연해야 하며 이름 걸고 일하는 사람들은 욕먹지 않기 위해 입 다물고 있어야 하는가? 아마도 이 건이 더 윗선으로 가면 실무자의 업무 미스와 자신의 관리 감독 부족으로 보고가 갈 터이니 어떻게든 자기 선에서 무마하고 싶었을 것이다.

회사를 오래 다녀본 나도 그 마음은 이해한다. 하지만 방법이 옳지 않다고 생각했다. 그는 문제를 진중하게 혹은 합리적으로 해결하기는커녕 어떻게든 면피하기 위해 도리어 문제를 키우고 있었다. 모욕적이고 부당한 대처 방식에 항의하기 위해 그 회사 대표 앞으로 조용히 내용증명을 보냈다. 처음 있는 일이었다(그리고 아직까지는 마지막이고 마지막이길 바란다).

주변의 법률 관계자들은 이 건이 소송으로 가도 내가 100퍼센트 승소할 거라고 말했다. 그렇게 말하면서도 굳이 일을 키우지 말라고 조언했다. 그러고 싶은 마음은 추호도 없었다. 어떻게 보면 일하면서 겪을 수 있는 소소한 엇갈림이라는 것을 나도 안다.

내가 프리랜서로만 살아왔다면 조직에서 일하는 사람들에 대한 총체적인 반감을 가지며 그쯤에서 끝냈을 수도 있다. 하지만 나는 좋은 마음으로 회사 생활을 했던 사람이다. 팩트를 나의 몽니로 둔갑시키고, 진심 어린 사과나 합리적 보상이 아닌 무턱대고 기선 제압을 하는 방식으로 자신들의 업무 과실을 무마하는 일처리

모습을 도저히 견딜 수가 없었다. 관리자가 저런 방식으로 업무 과실을 덮으려고 했던 것은 그간 그 방식이 그럭저럭 통했기 때문이리라. 그 점이 나를 더 서글프게 했다.

    이번 일을 통해 그 관행이 한 번 더 공고해지는 것이 싫었다. 다른 프리랜서가 미래에 나와 엇비슷한 피해를 볼 수도 있었다. 이번 일의 담당자를 포함, 관리자의 부하 직원들은 이런 식으로 문제가 처리되고 무마되어도 괜찮다는 것을 보고 배울 것이다. 잘못된 관행은 점점 더 고착될 수밖에 없다. 게다가 이 문제를 사소하다고 넘어가면 나중에 결코 사소하지 않은 큰 부당함에는 어떻게 저항하겠는가. '누가 뭐래도 이건 아니지.' 내 안에서 이런 경종이 울리면 어떻게든 바로잡고 넘어가고 싶다. 그런 예민함이라면 대환영이다.

관계의 페어플레이

오래된 관계

한국은 유독 오래가는 인간관계를 높이 평가한다. 인내하며 오래 살아낸 노부부의 사랑을 아름답다 하고, 오랜 세월 사귄 연인과 헤어지는 것을 나무란다. 학창시절 친구가 점점 불편해지지만 오랫동안 알고 지낸 의리 때문에 스트레스를 받아가면서도 고통스러운 만남을 이어간다. 왜 3개월 미만으로 끝나버린 연애를 가볍다고 느껴야 하며, 왜 공통의 관심사도 없는 옛날 친구들과의 모임에 억지로 나가야 할까.

오래 알고 지냈다고 해서 그만큼 절친하다고 할 수도 없고, 안 지 얼마 되지 않아도 오래 만난 인연만큼 편한 사람이 있다. 특히 중고등학교 친구들과의 관계는 대학 이후부터 많이 달라지기 마련이다. 그 당시에는 밀폐된 공간에서 친구를 선택해야 했기 때문에 선택의 폭이 좁았고 혼자가 될 용기가 없을 바에야 그 안에서 서로에게 맞추며 친구를 만들어야 했다. 그러나 대학 이후부터 주변 환경은 넓어지고 인간관계의 반경이 넓어진다. 자유롭게 사람을 선택할 권리, 혹은 멀어질 권리를 가진다.

예전에 아무리 절친했다 해도 현재 같이 있을 때 마음이 편하지 않다면 애써 절친이라는 간판을 현재까지 유지할 이유는 없다. '옛날에 친했던 친구'로 충분하다. 과거에 아무리 오랜 기간 우정과 추억을 나눴던 사람일지라도 그 사람이 현재 내게 기쁨을 주지 못한다면 무용지물이다. 관계는 늘 현재진행형이다. 과거에 친분을 맺은 기간이 아무리 길어도 지금 점차 멀어져가는 사람들에 대해 책임감이나 죄책감을 과하게 느끼지 않았으면 좋겠다.

인간관계도 환경의 변화에 따라 자연스러운 흐름을 타기 때문에 그걸 거스르지 못하고 붙들고 있는 것이 되레 어색한 일이다. 현재 내가 놓인 환경에서 마음이 맞는 새 친구가 생기기도 하고, 자연스레 멀어져가는 친구도 있다. 내가 괜찮고 의리 있는 인간임을 인증하기 위해 관계를 유지할 필요까진 없을 것 같다. 밀물과 썰물 사이에서 어느덧 내 곁을 여전히 자연스레 지키고 있는 그 사람을 우선적으로 챙긴다.

나를 좋아하는 사람과 나를 필요로 하는 사람

공적인 관계에선 서로에게 필요한 존재가 되는 것이 전제가 된다. 각자의 지분을 교환하고 그에 따른 깔끔한 정산이 뒤따르면 된다.

그러나 사적인 관계를 들여다보면 '나를 좋아하는 사람'과 '나를 필요로 하는 사람'으로 나뉘는 것 같다. 나는 가급적 그냥 '그 사람이니까' 인간적인 매력과 호감을 느끼고 만나고 서로에게 뭘 더 바라지 않았으면 하는 나이브하고 이상적인 바람이 있지만 그러지 못한 경우가 종종 있다. 안타깝게도 그 필요성은 한쪽에 더 쏠린다. 그리고 내가 어떤 형태로든 필요해서 잘해주었던 사람은 내가 필요가 없어지면 잘해주던 것을 자연스럽게 멈춘다. 자신을 순수한 마음으로 좋아해준다고 믿었던 사람이 어떤 일을 계기로 사실은 그저 정황상 필요로 했던 것임을 깨닫게 되면 '이용당했다'고 언짢아하면서 멀리하는 이들도 있지만 어떤 이들은 다 알면서도 그냥 그대로 두기도 한다. '누가 나를 필요로 할 때가 그나마 좋은 것'이라며.

내가 필요해서 다가오지만 실은 나를 전혀 인간적으로 좋아하지 않는다는 사실을 우연한 계기로 알게 되면 서운하겠지만 한편으로는 내가 상대에게 그만큼 인간적 호감을 줄 만한 사람이었나, 냉혹하게 스스로를 돌아보는 것도 나쁘지 않을 것 같다. 마음속 깊이 진심으로 좋아하지도 않으면서 필요에 의해 나에게 다가와야 했다는 것도 녹록지 않은 애씀이 아니었을까.

가만 보면 사람들은 늘 자기가 이용당하는 쪽이고, 자기가 이 구역의 호구라고 간주하는 경향이 있다. 그래서 우리 마음속에는 다음의 말들이 자주 맴돈다.

"내가 그렇게 만만해?"

"이러려고 나 만났어?"

물론 그 가운데 "저 사람이라면 난 얼마든지 이용당해도 좋아"라고 생각되는 상대도 있다.

부탁과 거절

남한테 부탁하거나 기대는 것을 별로 좋아하지 않는다. 성장기에 '독립'에 대한 가치를 귀 아프게 들었고, '남에게 민폐를 끼치면 절대 안 된다'는 환경에서 자라기도 했다. 그래서 친구들끼리 서로에게 나른하게 의존하거나 스스럼없이 편하게 부탁하는 것을 정겹게 봐주는 분위기를 이해하지 못했다. 어떻게든 혼자서 해결해야 한다고 생각했다. 하지만 시간이 지나면서 의존과 민폐의 긍정적 측면에도 눈을 뜨게 되었다. "나 이런 문제로 좀 힘들어"라고 SOS를 치면 의외로 상대는 귀찮아하지도 않았고, 내가 도움을 주었다고 해도 보답을 기대하지 않게 되었다. 주고받는 계산을 정확히 하지 않아도 좋은 관계가 있음을 알았다.

대신 이런 기분 좋은 감정을 느끼기 위해서는 부탁과 거절에 대한 섬세한 기준이 있어야 할 것이다. 부탁을 흔쾌히 들어주는 게 고마운 만큼 상대가 그 부탁을 흔쾌히 '거절'할 수 있게도 해줘야 한다. 못 해서든, 하기 싫어서든, 거절하는 것 자체가 이미 충분한 거절의 이유다. 반대로, 나도 상대에게 그럴 수 있어야 한다.

부탁해서 거절당한 사람은 거절한 이유를 알거나 물어볼 권리가 없다. 더더군다나 토라지거나 화를 내거나 '다시는 저 인간한테 부탁하나 봐라' 같은 앙심을 품어서도 안 된다. 그 누구도 미움받기를 원치 않기에 거절하고 싶어도 쉽게 거절하지 못한다. 상대 입장에서는 무척 부담스러운 마음으로 거절한 것이고, 나는 부탁을 함으로써 상대에게 감정 노동을 시킨 것이다.

부탁이 부탁다우려면 부탁한 데에 대한 적당한 부담감을 가져야 한다. 부탁에 대한 무게와 신중함을 느낄 줄 알면 가급적 돕고 싶다는 마음이 들겠지만 상대방이 너무 쉽게 부탁하면 당혹하게 되고 심지어 '하찮은 부탁'처럼 표현할 때는 기분도 상한다.

사람들은 '도와주고' 싶지, '이용당하고' 싶지 않다. '우리가 이렇게 가까운 사이인데 이 정도 부담 없는 부탁도 안 들어줘?'처럼, 부탁하는 사람이 너무 당당하면 노력은 내가 하면서도 만만한 인간으로 취급받는 것 같다. '이 정도 부탁은 당연히 들어주겠지?' 같은 분위기를 풍기면서 부탁했다면 애초에 실수다. 사람들 사이의 상호 의존에 필요한 것은 섬세한 염치다.

역으로 거절을 할 때는 조금의 여지도 없이, 단칼에 거절하는 것이 좋을 것 같다. 그러려면 'NO 반사신경'을 단련시켜야 한다. 몇 가지 거절 멘트 버전을 챙겨놓고 반사적으로 말하는 연습을 해본다.

"죄송해요, 어려울 것 같습니다."

"미안, 그건 좀 곤란해."

"안 돼."

자꾸 하다 보면 점점 몸으로 익혀지면서 숨통이 좀 트인다. 악질적인 부탁에는 상대를 마음대로 휘두르려는 냄새가 난다. 자꾸 찔러봐서 어디까지 푹 들어가는지 잔인하게 시험한다. 찌른 본인들로서는 밑져야 본전, 아님 말고다. 이런 느낌을 받을수록 거절해야 마땅한 부탁임을 알아차리고 뜸 들이지 않고 바로 거절하면 좋겠다.

아마 상대는 자신의 부탁이 거절당했다는 현실을 받아들이기 힘들어 당황해하며 언짢아할 것이다. 순간 '내가 너무 야박한가?' 싶겠지만 거절을 받아들이지 않으려는 상대일수록 끝까지 거절해야만 하는 상대인 것이다. 제 타이밍에 거절하지 못하면 두고두고 스트레스다.

친구 관계뿐만이 아니라 연애에 있어서도 거절을 잘할 줄 아는 것이 상대를 도와준다. 나에게 마음을 주는 것에 기분이 우쭐해져 그 마음에 보답할 수 없으면서도 상대에게 희망 고문을 하고 있지 않은지 돌아볼 필요가 있다. 당장에는 단칼에 잘라버린 상대의 잔인함에 괴로워해도, 속마음을 파악할 수 없는 태도로 오락가락 애매하게 여지를 주며 애먼 사람 붙들고 있는 편이 훨씬 더 고약하다. 아니다 싶으면 서로 확실히 NO를 말하고 내가 기꺼이 책임을 질 수 있는 것에 대해서만 YES를 하는 것. 어른으로서 꼭 갖추고 싶은 습성이다.

리더가 되었다면

소싯적 초등학교 1학년 입학식 며칠 전에 딸아이는 이렇게 하소연한 적이 있다.

"금요일 지나고 다음 주 월요일에 바로 초등학생이 되는 게 말이 돼? 아니 세상에 이게 말이 되냐고. 난 아는 게 아무것도 없어. 유치원에서 배운 것밖에 아는 게 없다고!"

나는 빵 터지고 말았다. 생각해보면 틀린 말은 아니었다. 유치원에서 배울 건 다 배웠지만 아이가 새로이 향해야 하는 곳은 미지의 장소였다.

회사를 다니면서도 이런 순간이 온다. 승진해서 어느 날 '누군가의 상사'가 되는 때다. 내 일만 잘하면 됐는데 어느 날부터 다른 사람들이 일을 잘하고 있는지 챙겨야 하는 것이다. 당연히 쉬울 리가 없다. 사람은 누구나 처음부터 조직의 관리자로 태어나는 것이 아니니까. 상사의 역할을 맡은 지 얼마 되지 않았는데 잘 못하고 있는 것 같아 두렵고 괴로운 감정은 자연스럽다. 하지만 그 자리를 위임한 중역들은 바보가 아니다. 어디까지나 가능성을 보고 발탁했고, 만에 하나 실수를 하더라도 그들이 뒤에서 받쳐줄 것이다(그것이 그들이 연봉을 더 받는 이유다). 그렇다 하더라도 간혹 울고 싶을 때가 있다.

회사 내 인간관계 스트레스 중 팀장에게 어쩌면 가장 고약한 것은 팀원과의 갈등이다. 윗사람이 나를 힘들게 하는 것도 물론 괴롭지만 팀원이 힘들게 하는 것은 괴로움의 질이 한층 지독하다. 상사 노릇을 처음 해본다거나, 다른 회사에서 와서 이 회사 사정을 잘 모른다거나, 팀원보다 나이가 어리거나 여자이거나 했을 때 어떤 팀원들은 팀장을 무시하거나 기어오른다.

이따금은 참다못해 팀원에게 호되게 뭐라고 하지만, 그것도 잠시뿐, 그는 호시탐탐 팀장을 우습게 보는 팀 분위기를 조장한다. 업무 지시를 내리면 괜히 이리저리 말대답을 하면서 못 하겠다는 식으로 반발하고, 자기들끼리 뭉쳐 다니면서 팀장을 소외시키는 유치한 행동까지도 서슴지 않는다.

그렇다고 팀원 때문에 회사 생활이 불편하고 괴로운 것을 쉽게 주변에 털어놓을 수 있을까? 사원이라면 업무 고충을 윗사람과 상의하면 된다지만 중간 관리자 격이 그런 문제를 중역과 상담했다간 자칫 무능함을 드러내는 꼴로, 운이 나쁘면 약점을 잡힐 수 있다. 그렇다고 팀원들에게 힘들다고 약한 모습을 보이는 것도 못 할 짓이고. 사실 그 시점부터는 누가 도와줄 것을 기대하기보다는 어떻게든 스스로 헤치고 관통해나가는 수밖에 없다. 이 글의 처음으로 돌아가서, 처음부터 초등학생이었던 아이도 없고 처음부터 상사였던 사람도 없다. 자리가 사람을 만든다는 말도 있지만 저절로 되는 것은 아니고 그 자리에 맞게 처신하고 적응하는 수밖에. 상사의 권위를 무시한다고 화내거나 자괴감을 느끼는 대신 스스로에게 물어보자.

첫째, 나는 애초에 유능한가. 팀원들 그 누구보다도 유능한가. 그러는 편이 좋을 것이다. 경력이 더 길다고 반드시 더 유능한 것은 아니다. 경력을 기반으로 한 확고

한 실력이 있어야 팀원들에 대해 장악력을 가질 수 있다. 후배의 업무 실수를 미연에 방지하는 것도, 후배가 감당 못 하는 문제를 해결하는 것도 유능해야 가능하다. 자기 위치에서 해야 하는 일에 유능하다면, 나는 나대로 일을 열심히 하는 모습을 팀원들에게 보여주면서 필요한 말만 그때그때 하면 된다. 그러고선 그들에게 어려운 일이 생기면 온 힘을 다해 지켜주고, 보호하고, 방패막이로서 책임을 져야 한다. 그런 모습을 한 번이라도 보여줘야 부하 직원이 진심으로 상사로 인정할 것이다. 세상에 공짜는 없다. 아무리 평소 그 직원이 미웠다 해도 나 몰라라 하지 않고 대신 책임지고 유능하게 수습하는 사람, 그것이 리더이다.

둘째, 나는 적절한 거리 조절을 하는가. 요새도 '술 한 잔하면서 허심탄회하게 풀자'라는 마인드를 가진 상사가 있다면, 그러지 않는 편이 좋을 것 같다. 술이라는 윤활유가 있어야 대화를 할 수 있다고 생각하거나, 술자리에서는 '형으로 부르라'는 등 직장의 가족화는 프로답지 못하다. 공적인 관계를 사적인 분위기로 흐리는 것은 팀원들에게 큰 부담을 주는 일이다. 어떤 팀장은 팀원을 '친구'로 착각하여 공사 구분 없이 구구절절 자신의 이야기를 털어놓아 감정 노동을 시킨다. 본인은 권위적이지 않고 친근한 상사라고 착각할지 모르지만 정작 팀원의 입장에선 만만한 배설 상대가 되어주는 것만 같다. 역으로 먼저 '인간적으로' 들러붙는 팀원이 있다면 잘해주고 싶겠지만 그건 그것대로 상사로서 어느 정도 거리를 두는 편이 좋겠다.

셋째, 나는 업무 위임을 효과적으로 하는가. 팀장의 경우, 큰 역할 중 하나는 팀원들에게 업무를 제대로 배분하는 것이다. 팀원들 간의 업무 배분은 공평하고 균형이 잡혀 있는가. 행여 팀원들에게 일을 나눠주지 못하고 불안함에 혼자 일을 끌어안고 있다거나, 팀원들에게 일을 나눠주긴 하지만 세세한 것까지 참견을 해서 피곤하게 한다거나(마이크로매니징), 일을 나눠준 후의 중간 체크를 간과하고 있진 않은가. 일을 잘하고 자존심이 강한 팀원이라면 아예 특정 업무를 깔끔하게 떼어주고, 그 업무에 대해서만큼은 주도권을 가지고 일할 수 있게끔 유연하게 두면 좋을 것이다. 그 대신, 보고만 제때 하도록 효율적인 업무 과정을 설정하고 일을 잘해냈다면 마음을 담아 칭찬한다. 사람의 심리란 참으로 묘해서 내심 자기는 상사를 무시해도 상사는 자신을 인정해주길 바라니까. 가끔 어떤 팀원은 자신이 바라는 만큼 인정받지 못한다고 생각해서 자기 권한 밖으로 선을 넘으려고 하는데 팀장은 이때 바운더리 설정을 적확하게 해줘야 할 것이다.

권위의 후광이 실질적인 도움을 주기도 한다. 권위에 약한 자에겐 권위를 앞에서 보여주는 것. 해당 팀원이 두말없이 그 영향력을 인정하는 윗사람의 신임을 팀장이 확실히 얻는다면, 팀원은 태도를 달리하게 될 것이다. 한심해 보이는 상사라도 특별한 이유가 없는 한 조직은 상급자의 편을 들어주게 되어 있고 팀원들은 그 사실을 알고 있다. 조직은 체계와 서열이 무너지는 것을 원치 않는다.

혼자 모든 것을 짊어지려고 하는 대신 주변에서 적절한 도움을 받는 것도 좋다. 사람이 모든 일을 잘할 수는 없다. 에너지의 강약을 조절해가면서 주위의 자원을 십분 활용하며 꾸준히 가는 것, 그것도 내공이다. 능력 밖의 일이 맡겨졌다고 버거워해도 원래 조직은 도전 거리를 던져주는 게 정상이다.

마지막으로, 팀원들에게 사사로운 인기를 얻겠다는 욕심은 버리도록 한다. 이러나저러나 아랫사람은 윗사람에 대해 불만이 있고 '뒷담화'를 하게 되어 있는 법이다(그리고 그것은 무척 달콤하다). 말하자면 이는 자연의 섭리라고 봐야 하는데 어쩌면 내가 욕먹거나 미움받는 것을 유달리 못 견디는 사람이 아닐까? 직장 생활을 계속하려면 이 부분에서 다소 둔감해지거나 초연해질 필요가 있을 것 같다. 아무쪼록 팀원들과 '친해지는 것'이나 '멋쟁이 상사'가 되는 일에 연연하지 말고 그냥 일만 잘 돌아가면 된다, 라는 심플한 목표를 가지고 일하기를. 심플한 게 가장 어렵긴 하지만.

어떤 좌절감

작년 초, 당시 알게 된 지 얼마 안 된 친구와 광화문에서 커피를 마시기로 했다. 경기도에 사는 그가 시내에 볼일이 있었고 기왕 먼 길 나온 김에 얼굴을 보자고 한 것이다. 흔쾌히 좋다고 대답하며 만날 장소를 정해서 알려주겠다고 말했다. 광화문 옆 서촌에 사는 내겐 나만의 숨겨둔 인근 단골 카페나 맛집 리스트가 있었으니까.

얼마 안 가 나는 가벼운 공황 상태에 빠지고 말았다. 나의 자랑이던 비장의 즐겨찾기 리스트는 아무 쓸모가 없었다. 만나기로 한 친구는 휠체어를 탔는데 내가 편애하는 고즈넉한 분위기의, 주인들이 직접 운영하는 카페들은 같이 갈 수가 없었으니까. 울퉁불퉁 돌길의 골목에 있거나, 문턱이 있어서 휠체어 진입이 어려웠고, 지하철역에서 그곳까지 이동하는 동선도 수월해 보이지 않았다. 장애인용 화장실도 없었다. 그런 사실들을 처음 인식하고 숨이 탁 막혔지만 이 드넓은 광화문에서 설마 우리가 갈 수 있는 적당하고 괜찮은 카페 하나 못 찾을까 싶어 차선책으로 광화문 고층 건물 안에 입점한 대형 카페들로 검색 범위를 넓혔다. 구글 맵을 켜고 지하철역에서 그 건물까지 오는 동선에 무리가 없는지 확인한 후, 그래도 분위기가 나아 보이는, 가급적 멋없는 프랜차이즈형 카페가 아닌 세 곳을 추려냈다.

그래도 신경이 쓰여 카페마다 전화를 걸었다. 건물 안에 장애인용 화장실이 제대로 있는 거 맞는지, 휠체어가 카페 안으로 진입하는 과정에 문제가 없는지, 예약을 미리 해둘 수 있는지, 좌석 하나를 빼서 휠체어가 들어갈 수 있게 해주는지를 미리 세세하게 확인하고 싶었다. 전화를 받은 카페 직원들은 내가 처음 겪어보는 반응을 보였다.

"아마 가능할 것 같은데 확실한 건 직접 와보셔야 할 것 같은데요."

그분은 난처하고 어색한 목소리로 알아듣기 어렵게 대답했다. 두 번째 카페 직원은 머뭇머뭇하다가 먼저 부탁하지도 않았는데 '책임자'를 바꿔주겠다고 해서 내가 전화를 끊어버렸다. 마지막 카페 직원은 무미건조하게 네, 네, 네, 라고 대답해주어 차라리 구원이었다. 대신 마지막엔 맵게 "하지만 자리 예약은 안 돼요"라고 못박았다. "네, 알겠습니다"라며 전화 통화를 마친 나는 어떤 감정에 휩싸여 조금 얼이 나가 있었다.

그 감정의 이름은 '좌절감'이었다. 나는 고작 카페 하나 알아보는 것만으로 '좌절감'을 느끼고 있었다.

친구와 만나기로 한 당일, 예약은 안 된다는 그 카페에 약속 시간보다 한 시간 먼저 도착했다. 장애인 남자 화장실이 몇 층 어디에 있는지, 휠체어가 건물 안으로 진입하는 길에 문제가 없는지 우선 확인했다. 광화문엔 식당도 카페도 많은 대신, 어딜 가나 참 사람이 많다. 자리를 확보해두기 위해 미리 가서 점심을 시켜 먹었다. 밥을 다 먹고 나서 약속 시간이 가까워질 즈음엔 카페 밖 건물 로비에서 근무하던 경비원에게 혹시 친구가 보이면 저 무거운 유리문 여는 것을 도와달라고 부탁드렸다. 카페로 돌아와서는 맞은편 의자를 빼서 휠체어가 들어갈 공간을 만들었다. 그러고는 약속 시간에 맞춰 친구가 카페 문을 열고 나타났을 때, 나는 책을 읽다가 고개를 들어 '아 왔어요?'라며 세상 쿨한 척 가볍게 손을 흔들어 보였다. 이미 진이 빠질 대로 빠진 상태였지만.

*

한번은 아파트 단지 안의 커뮤니티 라운지에서 일하고 있을 때였다. 약 10여 개의 테이블이 놓인 20평 남짓의 조용한 공간이었다.

내 옆옆 테이블에 앉아 있던 아파트 주민 A는 간이 부엌에서 아이스커피를 만들어, 그것을 마시면서 자리로 들고 오던 중 분수처럼 바닥에 커피를 토했다. 30대 여성으로 보이는 A는 한쪽 다리를 절고 몸 좌우 균형이 뒤틀려 있다. 몸을 엎드리거나 쭈그리고 앉는 것이 어려울 것 같아 내가 다가가 괜찮냐고 묻고(A는 고개를 끄덕였다) 간이 부엌에서 티슈를 뭉치째 가져와 바닥을 닦았다.

A는 조금 놀라 바깥바람을 쐬고 싶은지 잠시 북카페 바깥으로 나갔는데 유리문 너머로 살펴보니 가만히 한 자리에 망연자실한 표정으로 서 있었다. 그때 아파트 주민 B가 A에게 다가갔다. B는 종종 북카페에 와서 신문을 읽는 60대 후반으로 추정되는 여성이다. B의 목소리가 유리문 너머로 들렸다.
"여기 이게 뭐예요, 똥이에요?"
"이거 치울 때 북카페 쓰레기통에 넣으면 냄새나니까 닦아서 다른 데 화장실에 갖다 버려요!"

머릿속이 확 뜨거워지는 것을 느끼며 냉큼 밖에 나가 살폈다. 조금 아까와는 달리 이번 토사물엔 덩어리도 섞여 있었다. A가 속이 정말 안 좋았구나 싶었다. 죄지은 아이처럼 어쩔 줄 모르고 서 있는 A에게 다시 북카페 안으로 들어가서 속을 진정시키고 있으라고 하고 아파트 관리사무소에 전화해서 상황을 설명하고 바닥 청소를 부탁했다. 그사이 B는 스윽 사라져 있다가 5분

후쯤 관리사무소 사람들이 와서 빗자루와 호스로 청소하는데 옆에서 계속 뭐라 뭐라 투덜댔다.

A는 아마도 집에 가려는 듯 짐을 챙겨 나가려고 했다가 문밖에 관리소 사람들과 B가 있는 걸 확인하더니 다시 제자리로 돌아와 앉았다. 그 주저함은 미안함을 넘어 두려움이라고 느껴졌는데 지켜보는 내 마음이 안 좋아서 "저 지금 나가니까 같이 나가요"라고 하며 A를 데리고 나왔다.

여기서 끝나면 되는데…… 나는 굳이 그렇게 하지 않아도 된다는 걸 알면서도, 그것이 반드시 옳은 일은 아니라는 걸 알면서도 울분을 참지 못하고 B에게 다가가 "어떻게 '똥'이라는 얘기를 할 수 있는 것이냐…… 왜 도와줄 생각은 안 하고 사람을 나무라느냐, 그게 잘못한 일이냐, 우리는 나중에 이럴 일 없을 거라 생각하느냐……"고 말했다. 그렇다, 이번에는 내가 B를 거칠게 나무라고 있었다. B는 "내가 틀린 말 했냐, 하지 못할 말을 했냐, 공동시설을 함께 이용하는 입장에서 할 수 있는 말이 아니냐"고 반박했고, 나는 재차 "대체 사람

(A)을 어떻게 보길래 여기에 똥을 쌌다고 생각할 수 있냐"고 거의 울부짖다시피 다그쳤다. 눈앞에 있는 이가 말이 어눌하고 다리가 불편한 사람이 아니었다면 수치심을 주는 그런 말이 쉽게 나왔을까. 벌렁거리는 가슴을 안고 자리를 떴다. 그날 점심을 반쯤 남겼다.

*

겨우 두 번에 불과했지만, 그때마다 느낀 생경한 좌절과 부대낌의 감정은 너무나 생생하고 강렬했다. 몸이 불편한 친구와 따로 바깥에서 만난 날을 기점으로 나는 가는 장소마다 '이곳은 휠체어가 진입할 수 있는 곳인가'를 습관적으로 살피게 되었다. 지역 도시 출장이 잦아 KTX 예매를 자주 하는데 기분 탓인지 휠체어석/전동휠체어석이 있는 차량이 가장 마지막에 마감되는 것처럼 느껴졌다. 작년 봄에는 3호선 경복궁역 플랫폼에서 장애인 이동권 집회를 우연히 목격하며, 고작 친구와 같이 갈 수 있는 카페가 찾기 힘들다고, 겨우 '내 문제'가 되어서야 좌절감씩이나 느꼈던 나의 비루함에 고개를 들 수가 없었다.

아파트 커뮤니티 라운지에서 있었던 이야기를 덧붙이면서도 괜한 선행 자랑처럼 들릴까 봐 사뭇 조심스럽다. 나는 어느 지역 도시의 KTX역 앞에서 휠체어 탄 젊은 여성이 도와달라고 했던 것을 기차 시간이 간당간당해 죄송하다며 외면한 적도 있다. 아는 동생이 장애인 언론 〈비마이너〉에 정기 후원하자고 했을 때도 거절했다. 뿐만 아니라 사람들의 도와달라는 부탁을 수시로 거절하며 가까운 사람들에게 상처를 주는 말도 많이 한다. 가장 친한 친구에게도 돈을 빌려주지 않는다. 무엇보다 나는 글을 직업적으로 쓰는 사람이라 내가 괜찮은 사람처럼 보이도록 글을 얼마든지 교묘하게 쓸 수 있다.

이런 한탄 같은 글을 쓰는 이유는 그저 어느 날 우연히 일상에서 간접적으로 강타당하는 어떤 폭력 같은 것을 혼자서 소화해내지 못한 탓이다. B가 잘했다고 전혀 생각하지 않는다. 하지만 나는 B에게도 조금 미안했다. 나의 분노는 정당화될 수 있을까? B의 장애인 혐오만큼은 아닐 거라 믿고 싶지만 내게도 얼마간의 노인 혐오가 있었을지도 모른다. 그렇다 하더라도 '행동' 한 것에 대해선 후회가 없다. 그 순간 '생각'이라는 것을 하기 시작했다면 침묵은 회피가 되어 두고두고 후회했을 것이다. A가 내게 보여준 마지막 표정이 미소라서 그나마 위안이었다. 하지만 이 마음 복잡한 생각들은 서둘러 소화시키지 않기로 했다. 오랜 시간을 두고 곱씹으면서 계속 가지고 있기로 한다.

'나도 이상하고 너도 이상하지만
그건 그것대로 괜찮아'

_____

보태고 싶은 글

6부

현실 생활에서의 평등, 그 이후

《태도에 관하여》 독자 리뷰를 찾아 읽다 보면 수록 글 중 하나인 '현실 생활에서의 평등'에 대한 것이 유독 눈에 띄었다. 부부간 가사 분담을 둘러싼 양성평등에 관한 글이었으니 우선 기혼 여성들의 반응이 가장 강렬했다.

'핵사이다! 속이 후련하다.'

'내가 표현하지 못했던 감정들을 콕 집어줘서 너무 공감했다.'

그리고 그녀들은 넌지시 남편들에게 읽어보라고 많이들 건넸다고 한다. 졸지에 대변인 역할을 했다.

기혼 여성 독자들만큼은 아니지만 기혼 남성 독자들의 반응도 심심찮게 볼 수 있었다.

'미처 몰랐다, 아내가 이런 마음을 가졌을 줄은.'

'그러고 보니 가사를 내 일이라고 생각하면서 한 적도 없었다. 반성한다.'

에세이나 소설은 타인의 입장에서 생각해볼 수 있는 기회를 제공한다는 가설을 제법 증명한 셈이다. 아무쪼록 그 반성, 행동 개선으로 잘 이행되기를 바란다.

사실 그 글을 쓰고 나서 책에서 뺄지 말지를 조금 고민했더랬다. 너무 노골적으로 우리 집의 사적인 부분을 까발린 것도 같았고, 우리 집의 양성평등지수에 대해서도 객관적인 평가가 힘들었다. 누가 보면 내 남편은 '완전 착한 남편'일 수도 있고 다른 누군가에게는 '아직 한참 멀었다'라고 비춰질 수도 있었다. 그러나 객관적 평가가 뭐가 중요할까, 닫힌 문 안쪽의 있는 모습 그대로를 여과 없이 쓰고, 내가 바라는 평등과 공존의 모습을 그려내는 것만으로도, 금기시되던 소통이 시작되는 것인데.

처음 '현실 생활에서의 평등'을 쓴 지 3년쯤 지나 그사이 우리 집에는 어떠한 변화가 생겼을까?

우선, 과일 이야기. 과일? 한국에서 소싯적 과일이란 손님이 왔을 때나 저녁 식사 후, 엄마나 아내가 깎아서 포크를 꽂아줘야 먹는 그 무엇이었다. 그래서 시집을 가려면 사과를 단정하게 잘 깎을 줄 알아야 한다고들 했던 시절도 있었다. 과일 껍질을 너무 두껍게 깎으면 낭비라고 잔소리를 들었고, 사과 조각 모양이 들쑥날쑥하면 곤란했다. 남자에게 과도를 쥐여주는 것은 아마도 제삿날 생밤을 깔 때 정도였을 것이다. 남편도 제 손으로 과일을 깎아본 적이 없는 남자였다. 그 사실을 드러내긴 부끄럽고 아내에게 차마 대놓고 과일을 깎아달라고 말할 담력은 없으니, 그가 택한 것은 표현의 순화였다. 다정한 말투로 그가 이렇게 물었다.

"경선아, 우리 집에 과일 있니?"

처음엔 단순히 질문인 줄 알았다. 반복적으로 듣게 된 다음에야 질문이 아니라는 것을 깨달았다. 저 문장의 정확한 번역은 이러하다.

"과일 깎아 먹자. 내가 좋아하는 참외가 냉장고에 있는 거 알거든. 그런데 네가 깎아줘야 돼."

나쁜 남편은 되기 싫지만 직접 과일을 깎아 먹을 재능은 없는 불쌍한 그대여. 저렇게 눈치 봐가면서 말을 빙빙 꼬아서 하느니 차라리 단도직입적으로 과일 깎아달라고 말을 해! 왜 과일 먹고 싶다고 말을 못 해! 이런 마음이었지만 또 막상 단도직입적으로 과일을 깎아달라고 하면 그것 역시도 기분이 썩 유쾌하지는 않을 거라는 생각이 들었다. 어쨌든 한동안은 과일을 냉장고에서 꺼내 손질을 한 후 다 같이 먹었던 것 같다. 그러던 어느 날 마침 내 컨디션이 바닥일 때 저 질문(?)을 받게 되었다. 순간 짜증이 솟구쳐서 나는 질문에 대한 가장 적확한 답변을 해주기로 했다.

"응, 있어."

그러고선 방으로 휙 들어가 누워버렸다. 밤늦게 나와보니 부엌 싱크대 한구석에 두껍고 투박하게 썰려 나간 참외 껍질이 보였다. 요리에 젬병인 딸에게 엄마들은 '닥치면 다 알아서 하게 된다'고들 하지 않았던가. 세상에, 얼마나 참외가 먹고 싶었으면. 남편은 그날 난생처음으로 과일을 직접 깎은 것이었다.

그날 이후 남편은 두 번 다시 그 질문을 하지 않게 되었다. 한동안 부부는 과일을 논하지 않았다. 세월은 또 흐르고 흘러 우리는 새로운 대화법을 채택하게 되었다.

"○○○(과일 이름) 먹을래?"

내가 남편에게 먼저 이렇게 물으면 그는 항상 정

해진 멘트로 대답한다.

"네가 먹을 거면 나도 좀 집어 먹을게. 네가 먹지 않을 거면 괜히 나 때문에 깎지 마."

어쭈. 패나 기발한 문장이라 생각했다. 책잡히게 이래라저래라 하진 않겠지만 기회가 된다면 무임승차 하겠다라. 더불어 나의 사랑이 시험받는 기분이 들기도 했다. 그러나 기나긴 결혼 생활을 통해 깨달은 한 가지는 이것이다. 남자(혹은 남편)는 대체로 단순하며 생각하는 대로 말한다는 점이다. 행간에 다른 함의가 있을 거라고 복잡하게 생각하기 시작하면 오히려 사태가 커진다는 것.

그래서 이제는 오로지 내가 지금 이 순간 과일을 먹고 싶은가만 생각하기로 했다. 요새도 종종 싱크대에서 못 보던 과일 껍질을 목격하곤 한다.

한편, 그즈음 남편에겐 묘한 습관이 하나 생겼다. 퇴근 전 오후 5시 무렵이면 매일 똑같은 문자메시지를 보내는 것이었다.

'뭐 사 갈까?'

여기서 '뭐'란 주로 '국'을 지칭한다. 나는 이미 여러 글을 통해 우회적으로 '국 없으면 밥 못 먹는 남자'에 대해 개탄한 바 있다. '국이 없으면 밥이 안 넘어간다' '반찬 없이도 국만 있으면 밥 한 그릇 뚝딱' 같은 이런 국 예찬 문화가 못마땅했다. 특히나 국이 없어도 얼마든지 밥이 들어가는 내가 그 국을 만들고 끓여야 할 때는. 남편은 어쩌면 내가 쓴 글들을 읽었을지도 모른다. 남편은 국이 필요하지만 본인은 요리할 생각이 없고, 나는 할 줄은 알지만 국 끓이는 것을 싫어하는 데다가 종일 원고 쓰느라 지쳐서 아무것도 하기 싫다. 그렇다고 마트에서 파는 레토르트 국은 맛이 없고. 고심하던 남편은 절충안으로 그의 회사 건물 지하나 지하철역 인근 음식점에서 국을 테이크아웃해 오는 방법을 깨우친 것이었다. 게다가 식당들은 국을 포장해주면서 밑반찬 서너 가지를 덤으로 넣어줬다. 집에 밥만 있으면 한 끼 해결. 남편의 문자메시지에 대한 내 답 문자는 고로 '그래, ○○국 사 와'거나 '집에 밥(실은 국이라는 뜻) 있어. 그냥 와'가 된다. 마치 모닝 알람처럼 너무나 깨알같이 매번 같은 시간에 보내는 터라 가끔 숨이 턱 막히기도 하여 '내가 필요하면 먼저 문자할게'라고 말해놓은 상태지만 여전히 습관처럼 저 문자메시지를 보낸다. 가끔 삐딱해질 때면, 혹시 저 문자는 '집에 밥 있니?'의 순화 버전이 아닌가 싶지만, 되도록이면 의심하지 않고 끼니 고민을 같이 해결하려는 동거인의 의지라고 믿기로 했다. 물론 빈손으로 퇴근해 집에 왔을 때 내가 집밥 한 상 차려놓고 기다리고 있으면 남편의 신난 마음이 훤히 표정으로 읽히지만.

그러고 보면 《태도에 관하여》를 처음 쓸 때만 해도 남편은 여전히 가사 전반에 걸쳐 '파블로프의 개' 훈련 중이었다. 처음엔 화내고 거부하다가 어느덧 시키면 하고 어떤 불길한 낌새를 느끼면 그제야 눈치껏 먼저 하고. 당시에는 어떤 형태로든 '행동'을 이끌어내려면 '자극'이 필요했다. 시키면 하지만 시키기 전에는 웬만해선 먼저 알아서 안 하는 것. 아니, 그 이전에 필요성 자체를 못 느끼는 것. 그러던 남편에게 큰 진일보가 하나 있었으니 그것은 바로 식후 설거지에 대한 솔선수범 멘트 '그냥 둬'이다. 설거지는 내가 할 테니까 그냥 두란다. 특이한 점은 내가 다른 볼일 때문에 부엌 쪽으로 한 발짝 옮기기라도 하면 거실 소파에 누워 있던 그가 우렁찬 목소리로 몇 번이고 그 말을 반복한다는 것이다. "그냥 둬! 설거지하지 마! 내가 한다니까! 내가 나중에 모아서 할 거니까 놔둬!"

난 설거지하려고 부엌에 들어간 게 아닌데…….

"알았어! 알았다고! 나 안 한다고! 설거지 절대 안 한다고!"

그렇게 호언장담하던 남편은 그날 밤 그대로 거실 소파에서 꼴깍 잠이 들어버린다. 물론 설거짓거리는 그대로 싱크대에 쌓아둔 채. 하지만 다음 날 아침에 일어나보면 어느새 설거지를 마치고 출근해 있다.

그로부터 6년의 세월이 흘렀는데(지금은 2024년!) 남편은 가사일이 점점 몸에 익어 이젠 자연스럽게 여러 가지 일들을 알아서 하게 되었다. 혹은 내가 갈수록 살림에 흥미를 잃어서 상대적으로 그렇게 느끼는 걸 수도 있겠다. 국이 없어도 밥을 먹게 되었으며 "과일 먹을래?"라고 먼저 묻고 자기가 깎아서 내게 건네준다. 다만 이제는 제 아비를 빼닮은 딸아이가 국이 없으면 밥을 잘 못 먹는 청소년으로 커버렸다.

그사이 깨달은 한 가지가 있다. 어차피 독립된 성인으

로서 부부가 같이 가사를 해야 한다면, 각자의 적성에 맞는 일을 파악해서 그것 위주로 챙기면 스트레스가 훨씬 덜하다는 사실이다. 오래 해오다 보니 자기 성격에 따라 더 절실한 가사, 혹은 그리 고역스럽지 않은 가사 등을 분별할 수 있게 된 것이다. 그 예로 내게 절실한 가사는 '거실 바닥 닦기'이다. 나는 거실 바닥이 더럽거나 뭔가가 떨어져 있으면 신경이 쓰여서 거실 바닥 청소와 소파 쿠션 정돈 등은 해야 하루를 말끔하게 시작할 수 있다. 아마 죽었다 깨어나도 지저분한 것들에 둔감한 남편이 먼저 나서서 청소를 하겠다고 할 일은 없을 것이다. 한편 남편에게 의미 있는 가사는 '면 요리'다. 각종 면을 사랑해마지않는 그는 솔선수범해서 면 요리는 모두 맡아 한다. 남편의 면 요리 실력은 나날이 발전하고 있다. 그에게 고역스럽지 않은 가사는 앞서 말한 설거지와 현관 앞에 쌓아둔 재활용 쓰레기 분리수거인 것 같다. 놔두면 알아서 내다 버린다. 바로바로는 아니지만.

살다 보니 '가사'의 내용과 성격도 조금씩 달라져갔다. 아이가 어릴 때는 생소하고 힘든 육아와 가사를 동시에 짊어져야 하니 부부 싸움은 필연적이었지만 어느새 아이가 커서 어른의 돌봄을 더 이상 필요로 하지 않게 되었다. 청소, 빨래, 설거지를 보다 손쉽게 해결해주는 최신 전자제품이 나오는가 하면, 반찬 배달 서비스나 마트의 반조리 식품들은 보다 정교해지고 있다. 그 대신 부모님이 나이가 들어 아프기도 하니, 돌봐야 하는 등의 새로운 과제가 주어졌다. 인생에서 영원히 똑같은 것은 없었다. 중요한 것은 그 어떤 유동적인 상황에 놓이더라도 이것이 나와 우리를 돌보는 소중한 일임을 알고, 서로를 신뢰하며, 발을 빼지 않는 태도일 것이다. 영어 단어로 표현한다면 'Commitment 약속, 전념, 헌신, 책무'라고 할 수 있겠다. 마음을 담지만 더없이 유연하게.

마지막으로 징그럽다면 징그러운, 기나긴 생활 속의 양성평등 투쟁을 통해 내가 얻은 가장 중요한 깨달음은 평등의 모습이 항상 5 대 5일 필요는 없다는 것이었다. 양성평등을 이루려는 노력을 결코 포기하지 않되, 모든 사안에 일일이 5 대 5를 적용시키려 무리하지 않고 종합적으로 보았을 때 균형만 이루면 된다고 생각했다. 당장 내가 조금 더 했으니 억울해하지 않는 것. 서로의 노고를 경시하지 않는 것. 그렇게 인간적인 공정함과 낭만적인 관대함을 최선을 다해 양립해나가기로 한다.

마치 공기처럼

— 와세다대학 국제문학관
〈무라카미 하루키 라이브러리〉
기고

일러두기
- 지난 2023년 5월 19일, 보슬비가 내리던 봄날, 나는 일본 와세다대학 국제문학관 무라카미 하루키 라이브러리에서 '무라카미 하루키 문학을 만나다: 한국에서의 무라카미 하루키, 개인에게 있어서의 무라카미 하루키'라는 제목으로 강연했다. 한국인으로서는 처음 강연하는 것이었는데 30년 동안 한 작가의 작품을 꾸준히 읽다 보면 이런 날도 오는구나 싶어 불가사의한 기분이 되었다. 강연 후에는 국제문학관 홈페이지에 에세이를 기고했다. 일본어로 써서 보낸 그 에세이를 다시 한국어로 바꾸어 보았다.

종종 "작가님이 쓰신 책들 다 읽었답니다"라고 사인회 등에서 말을 거는 독자들이 있다. 그런 말을 들으면 고맙고 기쁘기도 하면서 부끄러운 감정이 일기도 한다. 하지만 지금은 그렇게 말을 건넨 독자분들의 마음이 진심이라는 것을 안다.

3년 반 만에 일본을 방문한 지난 2월 8일, 대입 시험 기간이라 외부인 출입 금지인 와중에, 국제문학관 측의 배려로 무라카미 하루키 라이브러리를 둘러보았다. 쿠마 겐고의 건축, 하바 요시타카의 책 큐레이션, 'Peter Cat'과 아오야마에 소재한 무라카미 하루키 사무소에 있던 물건들, 작가의 작업실을 재현한 공간과 좋아하는 재즈 LP로 꾸린 오디오룸 등 오랜 독자에겐 모두가 흥미로웠지만 사실 내 정신은 오로지 무라카미 하루키의 전작이 다 비치되어 있는 자유열람실에 꽂혀 있었다. 나름대로 무라카미 하루키 전작 컬렉터인 나도 미처 구하지 못한 레어템 책들(예로 《파도의 그림, 파도의 이야기》)을 그곳에서 발견하고 속으로 환호성을 질렀다. 아아, 당장 자리 잡고 앉아서 그 책들을 읽고 싶었다. 내 몸의 반응을 바라보며 느낀 것은 진정한 팬이 가장 원하는 건 다름 아닌 그 작가가 쓴 글을 한 글자도 남김없이 다 씹어 먹듯 읽고 싶은 것일 뿐, 그 외의 부수적인 것들(가령 그의 개인 소장품이나 작업 공간의 재현을 본다거나)은 곁다리에 불과했다.

심지어 무라카미 하루키 본인이 갑자기 어슬렁거리며 지금 이곳에 나타나더라도 "아, 좀 산만하니까 저리로 비켜줄래요? 나 이거 빨리 다 읽어야 한단 말이에요"라고 할 것만 같았다. 그 무엇보다도 작가의 책을 가장 읽고 싶어 하는 마음이 자연스럽게 들어서 좋았고 작가는 결국 그 무엇도 아닌 '책'을 남기는 사람이라는 당연한 사실을 새삼 통감했다.

무리도 아니다. 15살에 일본 오사카에서 고등학교를

다닐 무렵 《노르웨이의 숲》을 처음 접하고 30년이 넘도록 한 작가의 글을 꾸준히 읽어왔으니. 누군가를 이토록 오래 좋아한 적이 인생에서 있었을까. 한 사람의 작가를 좋아하는 데는 여러 이유가 있다. 그의 작품이 재미가 있거나 마음을 움직였을 수가 있고 인터뷰에서 하는 말이나 내비치는 그의 라이프스타일이 꽤 근사하게 보였을 수도 있다. 혹은 단순히 책날개에 실린 작가의 사진이 근사해 보였을지도.

내가 무라카미 하루키의 작품들을 오랜 세월에 걸쳐 반복해서 읽어온 것은 그 작품들을 통해 내가 이해받고 싶은 방식으로 이해받았기 때문이다. 나는 어렸을 때부터 내 의도와는 관계없이 성장기에 여러 나라를 돌아다니며 성장했다. 주류에 속하지 못하고 지금의 내 딸처럼 단체 사진을 찍으면 늘 모서리에 서 있는 그런 아이였다. 바깥이나 경계에서 안쪽을 관조하는 습성 때문인지 "무슨 생각하는지 도무지 알 수가 없어"라는 말을 들었고 "넌 좀 달라"라는 소리를 묵묵하게 삼켜내야 했다. 나 혼자만 너무 예민하게 구는 건가 싶기도 했다. 하지만 무라카미 하루키의 작품들을 읽다

보면 주인공들이 "그 문제에 대해 그렇게 생각하는 것은 괜찮아"라고 말해주는 것 같았다. 그것은 "나도 이상하고 너도 이상하지만 그건 그것대로 괜찮아"처럼 들렸다.

시간이 흘러 어쩌다 보니 내가 한국에서 작가가 되어 있었다. 어렸을 때부터 책 읽는 것은 무척 좋아했지만 직접 책을 쓰게 될 거라는 상상은 해보지도 못했다. 대학에선 정치학을 전공하고 졸업하고선 평범한 회사원 생활을 오래 했다. 그사이 '책 독자'의 생활은 내내 이어졌지만 내 글을 쓰고 싶은 욕망은 없었다. 그런데 사람 일은 한 치 앞을 몰라, 자꾸 재발되는 병으로 몸이 약해져 도저히 회사를 다닐 수가 없었고, 최선이 아닌 '차선'으로서의 글쓰기가 시작되었다. 중간에 회사로 돌아갈까 했던 시기가 있었지만 '이것까지만 쓰고'를 반복하다 보니 어느새 스무 권이 넘는 소설과 에세이 등을 쓰고 있었다.

이런 사정을 모르면 보통 이런 질문을 듣곤 한다. "아, 역시 좋아하는 작가 무라카미 하루키한테 영향을 받아서 작가가 되고 싶으셨군요." 나는 그런 말을 들으면 잠시 '……'의 심경이 된다. 그야 좋아하는 건 좋아하지만. 이건 조금 다른 문제다.

아마도 이렇게 정리해볼 수 있을 것이다. 나를 작가로 만든 것은 지병이었지만(사실 제대로 작가업을 하려면 어마어마한 체력이 필요하다는 것도 나중에 알게 되었지만) 내가 작가로 '남아 있게' 한 것은 분명 무라카미 하루키의 영향이 크다. 소싯적 그는 에세이 《직업으로서의 소설가》에서 이렇게 말했다.

> 링에 오르기는 쉬워도 거기서 오래 버티는 건 쉽지 않습니다. (…) 하지만 쓰지 않고서 견디지 못하겠다면, 한 사람의 작가로서 마음을 열고 환영합니다.

그의 환영까지도 필요 없었다. 존재가 역할을 다했다. 가장 좋아하는 동시대를 살아가는 작가가 하필이면 못 말리는 일중독자. 너무나 꾸준히 성실하게 작품 활동을 하니 뭔가 나도 도중에 멈춰 서면 안 될 것 같았다. 무라카미 하루키 라이브러리의 한쪽 벽을 장식한 무라카미 하루키 저작 연보를 보다 보면 '이거 업데이트하는 것만 해도 장난이 아니겠군' 싶을 정도다. 단언컨대 그가 중간에 책 쓰는 것을 멈췄더라면 나도 멈추고 다시 회사로 돌아갔을지도 모른다.

하지만 역시 아무래도 좋아하는 작가의 작품은 그 자체로 글쓰기에 영향을 미치는 부분도 크다. 글을 쓰다가 막히면 가장 좋은 방법은 유산소운동을 하거나 자는 것 외에 '좋아하는 작가의 글을 읽는 것'이라고 생각하는데, 나도 글을 쓰다가 중간에 막히면 무라카미 하루키의 단편소설들을 BGM 틀어놓듯 반복해서 읽곤 했다. 그러면 다시 차분해지면서 글을 이어갈 수 있었다.

신뢰할 수 있는 작가의 작품은 한 사람의 개인으로서도 인생을 살아나가는 방법을 가르쳐준다. 가령, 태어난 이상 사람은 반드시 예기치 않은 고통이나 슬픔을 마주할 수밖에 없다는 것. 그 사실을 의연히 받아들이고, 자신의 규칙을 지켜가면서, 한정된 상황 속에서 내가 할 수 있는 것을 하는 것—그 중요성을 시리도록 통감했다. 작년 9월, 돌연히 폐 수술을 받은 후에도, 앞으로 이 몸으로 어떻게 소설을 써나갈 수 있을까 걱정이 되었지만, 국제문학관에 남겨진 무라카미 씨의 메시지 〈마치 호흡을 하듯이〉를 읽고, 스스로의 페이스로 호흡을 다져나가면서 해나가면 된다는 희망을 얻었다. 지금은 규칙적인 달리기로 재활을 하면서 다시 소설을 쓰고 있다.

써놓고 보니 무라카미 하루키는 마치 공기처럼 내 인생의 여러 장면에서 어떤 형식으로든 은근히 '작용'을 했다. 그 때문인지, 자연스럽게 그에 대한 책을 썼고 (2006년도에 작가의 다정한 응원 메시지를 받았을 때는 정말 기뻤다), 지금은 그 책의 일본어판도 출간되었다(쑥스럽다). 한국에선 본의 아니게 '무라카미 하루키 덕후'로 알려지기도 했다. 그의 신작이 나왔을 때나, 노벨상 시상식의 시즌에는 매체에서 종종 부탁이 들어와 성가시기도 하다. 아니 난 그저 개인적으로 좋아하는 것뿐이고 전문가 같은 건 하고 싶지가 않다. 사람들이 다들 '하루키'라고 막 불러서 '무라카미 하루키'라고 정정해달라고 잔소리하면서 혼자 끊임없이 그의 책을 읽고 싶을 뿐이다.

그렇다고 해도 신작이 나와서 북토크 등에서 독자들을 만날 때 무라카미 하루키에 관해 쓴 에세이 《어디까지나 개인적인》을 조심스레 꺼내는 독자들을 보면 무척 반갑다. 이 책에 사인을 받으려고 하는 독자를 만나면 그 독자를 한 번 더 올려다보고 막 먼저 악수를 청하는 등 조금 멋없는 짓을 한다. 그것은 《어디까지나 개인적인》이 그간 쓴 책들 중 가장 안 팔린 책이기 때문이다(물론 이것은 '무라카미 하루키 때문에(일본어판 번역서 제목)' 그런 것은 아니다!). 고로 그 책에 사인을 요구받는 것이 희소한 경험이다 보니 그 책을 가져오는 분들이 역으로 소중한 것이다. 이따금, "임 작가님 덕분에 무라카미 하루키라는 작가를 처음 알게 되었어요. 그분 책도 꽤 재밌더라고요~"라고 천진난만하게 말을 거는 독자분들이 계셔서 나를 뜨악하게 만들기도 하지만. 작가업은 역시 만만치가 않네요, 그죠 무라카미상.

내가 사랑 이야기를 쓰는 이유

―〈세상을 바꾸는 시간, 15분〉
강연록

일러두기
- 가독성을 위해 구어체 '-습니다'를 문어체 '-했다'로 바꾸었습니다.
- CBS 〈세상을 바꾸는 시간, 15분〉 1208회에 방영되었습니다.

세상을 둘러보면 우리는 사랑에 가혹한 시대를 살아가고 있는 것 같다. 점점 실제 사랑은 없고, 사랑에 대한 '정보'만이 넘쳐나는 느낌이다. 사랑이나 연애는 이렇게 하는 거야, 적어도 이런 사람을 만나야 해, 그 사람에겐 이렇게 다가가야 해 등. 이런 법칙이나 기술, 코칭, 다시 말해 사랑을 '가르치는 것'들이 오히려 행동에 제약을 주고, 숨 막히게 하고, 사랑을 자유롭게 하지 못하게 만드는 것도 같다. 게다가 지금은 '안전'이라는 가치가 너무 중요해져서 사람들은 인간관계에서조차도 '안전'을 우선시한다. 갈등을 마주하는 것이 힘겹고, 나는 절대 상처받을 수 없다며, 자기 자신을 지키는 것에 가장 신경 쓴다. 그러니 인간보다 비인간계—개, 고양이, 식물—와 '안전한 정'을 나누는 것을 선호한다. 혹은 우리는 점점 타인의 사랑으로 대리만족한다. 미디어를 통해 다른 이의 사랑을 구경하고, 간섭하고, 평가한다.

이렇게 사랑에 가혹한 시대에 나는 왜 굳이 사랑에 관한 소설을 쓸까? 그건 바로 사랑 이야기가 재미있기 때문이다(물론 사랑은 직접 '하는 게' 가장 재미있지만). 사랑 이야기, 너무 매력적이지 않은가? 우리 주변의 숱한 드라마나 노래들을 봐도 사랑 이야기가 얼마나 많은지. 왜 재미있고 매력적인지 곰곰이 생각해보면 그것은 사랑이 가진 고유의 특성 때문인 것 같다.

우선, 사랑은 '비논리적'이다

가령 만나는 사람이 없다고 하면 주변 사람들은 "내가 아는 정말 괜찮은 사람이 있는데……"라며 곧잘 소개해주려 한다. 그러나 우리의 경험을 돌이켜보면 그렇게 소개를 받아 잘된 적이 몇 번이라도 있었던가? 물론 객관적으로 봤을 때 참 괜찮은 사람일 수도 있다. 하지만 그것과 내가 그 사람을 사랑하게 되는 일은 전혀 다른 일이다.

반대로 이런 일도 우리는 자주 겪는다.

"대체 쟤가 뭐가 좋아? 너처럼 똑 부러지는 애가 왜…… 정신 좀 차려라."

친구들과 부모님이 뜯어말리는 사랑. 그들의 눈에는 내가 사랑하는 사람은 제멋대로에, 한심하고, 심지어 나한테 잘해주는 것도 아니다. 하지만 나는 그 사람에게 푹 빠져버린다. 그러고는 '이 사람의 이런 멋진 부분은 나밖에 모른다'고, 나만이 발견한 장점을 소중하고 애틋하게 생각한다. 또한 완벽한 사람은 없기에 사귀고서 좀 지나면 그 사람의 단점이나 나와 안 맞는 부분을 보게 된다. 장점을 좋아하는 것까지는 쉽다. 하지만 단점이 보이기 시작하면 어떻게 할까? 사랑이 깊다면, '이 사람의 이런 못난 모습은 나밖에 모른다'라며 그 사람의 취약한 부분을 포용한다. 이렇게 객관적으로 누가 봐도 너무나 괜찮은 사람이지만 도저히 사랑할 수 없는 사람이 있는가 하면, 객관적으로는 하나도 괜찮지 않은데 도저히 사랑하지 않을 도리가 없는 사람이 있다.

내 친구한테 이런 일이 있었다. 친구가 29살 때 주변에서 결혼 압박이 거셌다. 당시는 서른 전에 결혼을 하지 않으면 안 되는 분위기였다. 몇 번의 험하고 거친 연애 끝에 소위 '엄친아'를 소개받아 만난다. 남자는 객관적으로 나무랄 데 없는 조건을 가졌다. 친구의 집에선 이 남자와 잘되기를 노골적으로 바라고 친구들도 잘되면 좋겠다고 응원했다. 친구는 그 남자와 데이트를 거듭하면서 '아 이러면서 다들 결혼하는 건가' 싶었지만 마음 한편이 계속 허전했다. 그 남자는 정말 '좋은' 사람이었지만 도저히 열정은 느낄 수 없었다. 나중에는 마음이 확 동하지 않는 스스로가 원망스럽기까지 했다. 그래서 이번에는 제3자의 냉철한 의견을 듣고자 그 무렵 일로 만난 한 남자에게 상담을 했다. 그는 이야기를 듣더니 대뜸 이렇게 말했다고 한다.

"그딴 남자 당장 관두고, 너 그냥 나랑 만나."

그 기세에 넋이 나간 친구는 곧바로 예정에도 없던 이 남자와 불같은 사랑에 빠져 고작 두 달 후에 결혼식을 올린다. 이렇게 인생은, 사랑은 한 치 앞을 알 수가 없다(그리고 사람들은 보통 자기 얘기를 대놓고 하기 애매할 때 '친구 얘기'라고 돌려 말한다). 사랑은 이토록 비논리적이라 지극히 재미있는 이야기들이 넘쳐난다.

그다음으로, 사랑은 '복잡'하다

사랑은 단순히 '좋아하는 것'과 다르다. 좋아한다는 감정은 심플하고 군더더기가 없다. 좋아하는 데에는 분명한 이유가 있다. 좋아하는 사람과 함께 있으면 기분이 좋고 편안해진다. 그러나 사랑은 감정의 결이 훨씬 복잡하다. 사랑하는 사람과 함께 있어도 물론 기분이 편안하고 좋을 수 있다. 하지만 그게 다가 아니다. 기뻤다가 슬퍼지고, 행복했다가 고통스러워지는 등 희로애락을 고루 경험한다. 설렘으로 심장이 터지고, 의심과 질투로 속이 뒤집히고, 그 사람을 잃지 않을까 하는 두려움에 잠 못 이루고, 어떨 때는 그 사람이 너무 미워 거꾸로 그 사람에 대한 감정이 얼마나 깊은지를 깨닫는다.

어떤 사람들은 처음 사랑을 시작할 당시에는 천사 같다가, 이별 이야기가 나오면 악마처럼 무섭게 돌변하기도 한다. 이렇게 사랑은 그 사람의 '의외의 부분'을 끌어내 스스로도 '나에게 이런 모습이 있었나' 하고 놀라게 만든다. 글의 소재로서 흥미로울 수밖에.

마지막으로, 사랑은 '비일상적'이다

우리의 일상은 사랑을 함으로써 '비일상'으로 바뀐다. 흑백이 컬러가 되고 모든 것이 더 선명해지고 온몸의 감각이 예민해진다. 가로수 나뭇잎들은 더 눈부셔 보이고, 노래 가사를 들으면 다 내 이야기 같고, 걸을 때면 구름 위를 둥둥 떠다니는 기분이다. 아침에 눈을 뜨고 밤에 잠이 들 때까지 하루 종일 그 사람을 그리워한다. 그 사람과 사랑을 나눈 후에는 그 사람의 냄새와 흔적을 몸에 남기고 싶어 일부러 며칠간 몸을 씻지 않기도 한다. 그뿐인가. 새벽 서너 시에도 갑자기 그가 보고 싶으면 단 5분을 보려고 몇 시간씩 걸려서 그 사람을 기어코 만나러 간다.

사랑을 증명하려고 무리하거나 모험을 하기도 한다.

줄리안 반스의 소설 《연애의 기억》에서는 20대의 청년이 자기 엄마뻘인 40대 후반의 옆집 기혼 여성과 사랑에 빠져 멀리 도망가서 동거를 시작한다. 누가 보면 '미쳤다'고 하겠지만 이 '미친 짓'이야말로 우리가 얼마나 사랑에 푹 빠졌는지를 알려준다. 마르그리트 뒤라스의 소설 《연인》에서 한참 연상의 중국인 남자 주인공은 자신이 사랑했던 프랑스인 소녀를 거의 40년 후에 찾아내서 고백한다. '나의 사랑은 예전과 똑같다고. 나는 아직도 당신을 사랑하고 있으며, 결코 이 사랑은 멈출 수 없을 거라고. 죽는 순간까지 당신만을 사랑할 거라고.'

이제까지 말한 사랑이 가지는 핵심적인 본질—비논리성, 복잡성, 비일상성, 이것을 반대로 가정해서 소설을 쓴다고 생각해보자. 그럼 이런 이야기가 나올 것이다. 무엇 하나 모자람 없는 선남선녀가 만나 아무런 어려움 없이 사랑에 빠지고, 갈등 없이 사이좋게 지내다가, 모든 사람들의 축복 속에서 가족을 이루고, 그 후로도 영원히 평온하고 행복하게 살았습니다…… 그것도 맨 처음으로 연애한 사람과! 이별의 상처 한 번 없이! 여러

분은…… 이런 소설을 읽고 싶은가? 비인간적이고 비현실적이지 않나? 우리가 사랑할 때의 실제 모습은 어디에 더 가까울까.

소설은 법전도, 도덕 교과서도, 지침서도 아니다. 오히려 그와 반대로 사람들이 가진 기존의 선입견이나 고정관념을 뒤흔들고, 인간의 가장 본질적인 부분을 이해시키고 자유의 외연을 넓혀주는 역할을 해야 한다고 생각한다.

한편, 내가 쓰는 사랑에 관한 소설에는 한 가지 명징한 특징이 있다. 사실상의 '악역'이 등장하지 않는다. 사랑에 성공과 실패가 없듯이 선과 악도 없다. 누가 잘했다 잘못했다, 를 판단할 생각도 없다. 우리는 서로의 입장을, 결핍과 불완전함을 이해하고 받아들여야 한다고 생각하니까. 사랑에서 오히려 불순한 것은, 상처 입을까 봐 두려워 이도저도 아닌 미적지근하게 관계를 질질 끄는 것, 혹은 사랑의 과정에서 어쩔 수 없이 상처 입은 것을 두고 배신당했다며 스스로를 '피해자'라고 생각하는 마음이다. 헤어질 때는 물론 많이 힘들었지만 딱 필요한 만큼의 치유할 시간이 지나면, 이내 그 남자와의 시간은 그리움으로 남고 어느 누구도 밉지 않았다. 가끔은 '내가 이상한 건가?' 의심했는데 다행히 아는 정신의학 전문의가 "이별 후 그리움으로 상대를 남길 수 있는 것은 매우 건강한 일"이라고 해주셔서 마음이 참 좋았다.

사실 사랑 없이 사는 것이 객관적으로는 안전하고 속 편하고 평화롭다. 하지만 '그럼에도 불구하고' 이 시대에 기꺼이 사랑에 빠지는 사람들은 무척 용기 있는 사람들이라고 생각한다. 어쩌면…… 바보들. 좋으면 좋다고 표현하고, 먼저 확 다가가고, 상처받을 것을 두려워하지 않고, 때로는 상대의 최악을 견디기도 하고, 끝인 걸 알면서도 사랑했던 '과정'의 찬란함을 껴안고, 깊은 상처를 받아도 끝내 다시 일어나 자신의 인생을 살아간다. 나는 아무래도 이런 겁도 없는 아이 같은 마음의, 바보 같은 분들의 곁을 지키고 싶어서, 그들의 열정을 응원하고 싶어서 사랑에 관한 이야기를 쓰는 것 같다. 사랑에 빠져도 괜찮다고, 우리는 사랑을 할 용기를 가진 사람들이라고, 말해주고 싶은 것이다. 왜냐하면 나도 그들과 같은 종류의 인간이니까.

낭만적인 꿈이 사라져가는 시대라고 한다. 낭만이 사치가 된 시대……. 나는 그 시대가 결코 오지 않기를, 오더라도 최대한 천천히 오길 바라고 있다. 지금도 '누군가가 열애 중이다'라는 소식을 바람결에 전해 들으면 나는 왜 그토록 기쁜지 모르겠다. 연애 중이다, 도 아니고 '열애 중'이라고 하니, 내가 모르는 사람의 일이라도 그저 기쁘고 벅차다. 사람과 사람이 서로에게 동시에 열정을 느끼는 일이 어쩌면 기적 같은 일이라서.

그 어떤 사랑이든 사랑 자체가 우리 삶에 찾아온 것을 감사히, 그리고 소중히 여길 수 있었으면 좋겠다. 우리 삶이 다하는 그날까지 사랑을 하면서 살아갈 수 있었으면 좋겠다.

슬픔의 공동체

반드시 갚아야 하는 빚

《태도에 관하여》가 처음 출간되고 나서 내게 일어난 가장 큰 사건은 아주 가까이서 인간의 나이 듦과 질병, 죽음을 지켜보았던 일이다. 2016년에는 시어머니가, 2017년에는 시아버지가 노환으로 세상을 떠났고, 2018년에는 아빠가 식물인간 상태로 기약 없이 병원에 누워 있다가 세상을 떠났다. 객관적으로 바라보면 남다른 이야기는 아니다. 예외 없이 모두가 나이를 먹고 언젠가는 죽음을 맞이하니까. 인간으로 태어난 이상, 죽음은 어떤 형태로든 반드시 치러야 하는 빚인 셈이다.

파킨슨병을 10년 넘게 앓아온 아빠는 거동이 불편해지면서 한 구립 요양원의 1인실에서 생활하게 되었다.

약 반년간, 가족들은 그곳으로 아빠를 보러 다녔다. 아빠는 몸이나 마음의 컨디션이 좋지 않은 날들이 더러 있었지만 별다른 큰일 없이 시간은 흘러갔다. 하지만 100년 만의 폭염이 찾아왔던 그해 여름의 어느 새벽, 아빠는 기도에 이물질이 들어가 호흡곤란 증세로 구급차에 실려 가게 되었고, 심정지 상태에서 대학병원 응급실에 도착해 27분간의 심폐소생술로 겨우 목숨을 구했다. 다만 그 과정에서 뇌 손상이 심해 사실상 식물인간 상태가 되었다. 떨리는 가슴을 진정시키고 응급실로 달려갔을 때 최악의 상황은 면해서 가슴을 쓸어내렸지만 대신 완전히 기뻐할 수만도 없는 낯선 상황을 마주해야만 했다. 아빠는 분명히 살아 있지만 내가 알던 아빠라는 사람은, 이제 두 번 다시 돌아오지 못했다. 단순히 의식이 있고 없고를 떠나 아빠라는 사람을 구현했던 모든 세세한 특징들이 일시에 제거된 한 남자를 두고 과연 '살아 있다'고 표현할 수가 있을까?

관념적인 명제로서 나이 듦과 질병, 죽음을 이야기하던 시절을 기억한다. 슬프고 고통스러운 일이지만 인간은 유한한 존재이기에 어쩔 도리 없이 속수무책으로 마주해야 한다는 체념. 그래서 우리가 할 수 있는 것은 살아 있는 동안 더욱 충만하고 풍요롭게 살아야겠다는 다짐. 인생은 짧고 대개는 지루함과 고통으로 가득 차 있으니 그 사이사이 느끼는 틈새의 행복을 누리고 인생의 참가치를 찾아야 한다는 당위.

이들은 나이 듦과 질병, 죽음의 징후들과 어느 정도 거리를 두고 있을 때 누릴 수 있었던 관념적 사치였지, 막상 그것들이 현실의 문제로 닥치니 일상은 곧바로 무거운 카오스로 빠져들었다. 고통과 슬픔이 아름다움으로 맑게 정화되기는커녕, 기뻐할 수도 슬퍼할 수도 없는 이 상황을 막연하게 품고 가야 하니, 마음은 뿌옇게 흐려진 채 더없이 복잡하고 불편하기만 하다. 당장 내일 뭐가 어떻게 될지도 알 수 없는 불확실성을 떠안으면서도 일상은 일상대로 영위해야 하니 솔직히 버거웠다. 다들 피곤하고 예민해진 상태에서 말 한마디로 다른 가족들에게 상처를 입히기도 했다. 언제까지 저렇게 누워 계시게 될까, 라는 생각이 들면 아주 가끔 아득해졌다. 그렇다고 깨어날 가능성은 없으니 그럼 지금 내가 바라는 것은……이라는 생각에 다다르면 죄책감에 몸부림쳤다.

이런 상황을 겪었을 때 할 수 있는 것이라고는 단 한 가지밖에 없었다. 가능한 한 담담히 있는 그대로의 복잡함과 불편함과 예측 불가능함을 받아들이고 그것을 '자연스러운 것'으로 자신에게 적응시키는 것. 어차피 답을 알 수 없는 내일이니, 아무것도 상상하지 말고 그저 오늘 하루를 살아가는 것. 한마디로 단정 짓기 어려운, 모순된 감정이 내 안에 함께 존재한다는 사실을 용서하는 것. 의연함만이 이 시간을 버티게 해주리라는 것. 있는 그대로를 받아들이는 것은 말은 그럴싸하지만 사실상 나를 그 상황에 꾸역꾸역 길들이면서 적절히 정신 건강을 보존하기 위한 현실도피 능력을 키우는 것이었다.

흔히들 결혼하고 자식을 낳아봐야 철이 든다고 하는데 내 생각은 다르다. 자식을 낳아 기르는 일은 얼마간의 인내심을 키워줄 뿐이고 정작 우리는 부모의 '로-병-사'를 겪으면서 처음으로 진정한 어른이 되는 게 아닐까. 내 존재의 원형이 소멸을 향해가는 과정을 고스란히 지켜보는 일 말이다.

나날이 발전하는 의술에 인간의 수명은 갈수록 늘어난다. 향후에는 노인으로 살아가는 기간이 길어질 것이고 그만큼 타인의 도움을 받아야 하는 상황은 가파르게 증가할 것이다. 양가 부모님을 돌보던 그 3년간 여러 형태의 노인 간병 시설을 접했다. 요양원과 요양병원, 입주 간병인과 중환자실. 한번은 급하게 요양병원으로 모셔야 하는 상황이 되어 홈페이지만 체크하고 나서 막상 실제로 가보니 창문 없는 시체안치소 같은 곳인 적도 있었다. 노인 간병 요양 시설을 공개적으로 알아보는 일, 혹은 미리 알아보는 일은 어쩐지 다들 여전히 쉬쉬하거나 닥치면 그제야 허겁지겁 알아보는 분위기다. 게다가 당시 요양 시설들은 미리 예약을 걸어둘 수도 없었다. 고로 갑자기 닥친 사태엔 그야말로 닥치는 대로 바닥부터 알아봐야만 하는 상황이 된다. 어쩔 수 없이 운에 기대게 되고 종종 함량 미달의 기관이나 간병인들을 만나기도 하는데 그때의 절망감이나 허탈감은 이루 말할 수가 없었다. 그 쓰라린 경험 때문에 일부러 SNS 계정에 내가 홈페이지나 방문을 통해서 직접 알아본 상대적으로 괜찮아 보이는 요양병원을 리스트업해서 공유하기도 했다. 천 명에 가까운 사람이 정보를 퍼 갔고 그 누구도 내게 아무런 댓글을 달지 않았다. 도움이 되었어도 공개적으로 고맙다고 하기에는 애매한 그 마음, 충분히 이해한다. 그걸 알기에 힘겨운 각자도생의 시대에 조금이나마 보탬이 되고 싶었다. 음지에 놓인 노인 간병 문제는 양지로 올라와야만 한다.

선의와 악의

가족이라는 단위를 넘어 사회가 합심해서 돌봐야 하는 취약한 존재로는 장애인 외에 대표적으로 아기와 노인이 있다. 저출산 문제를 해소하고자 육아 지원에 대해서는 사회적 논의가 활발하지만 흔히들 100세 시대라고 해도 노인 간병에 대한 논의는 짐짓 꺼리는 화두다. 나는 그 이유로 다음의 두 가지를 생각해본다. 첫 번째는, 유교 사상이 여전히 뿌리내린 한국에서는 '효'에 대한 강박관념이 남아 있기 때문이다. 부모님 은혜에 보답하고 효도하는 것은 하나의 당위이기에 늙고 병든 부모님을 요양원이나 요양병원 등의 '시설'에 보내는 것은 마치 현대판 고려장처럼 부모를 버리는 반윤리적인 행위로 간주된다. 두 번째는, 노인은 아기와 다르게 사랑스럽지가 않기 때문이다. 나이 든 육신, 생기를 잃은 표정, 희망의 부재, 죽음의 냄새. 똑같이 힘든 돌봄 노동이라 하더라도 어린 아기를 돌보는 동력이 '사랑'과 '책임감'에 더 가깝다면 노인을 돌보는 동력은 '죄책감' '부채의식'에 더 가까울 것이다. 그리고 이 사실을 익히 아는 어떤 이들은 그 취약한 마음을 이용한다.

아빠가 입주하게 된 한 구립 요양원은 여느 사설 요양원보다 여러 측면에서 시설과 서비스가 좋다고 평가받고 있었다. 검증 기관에서 우수하다는 인증과 표창도 받았고 평균 3년은 대기해야 자리가 날 만큼 '인기' 시설이다. 간호사와 요양보호사 선생님들은 정규교육과 수련을 거쳐 뽑힌 인력들이다. 구립 기관이라 간호대학에서 파견 나온 젊은 남녀 실습생들과 각종 단체의 자원봉사자들로 항시 북적여서 분위기도 상대적으로 밝은 편이다. 요양원 건물 밖으로 나가면 바로 코앞에 나무들로 빼곡한 큰 공원도 있다. 아빠는 1인실을 쓰고 있었는데도 정부 보조를 받는 구립 시설이라 사용료는 타 요양원 다인실과 대비해도 낮았다. 물론 그런 상대적인 호조건 속에서도 아빠를 요양원에 모시는 일은 자식으로서 썩 마음 편한 일은 아니었다. 시간이 나는 대로 자주 찾아뵈어야겠다고 생각했다. 아예 맥북을 가지고 와서 아빠 침대 옆 의자에 앉아 원고 작업을 해야지, 파킨슨병으로 말이 어눌해진 아빠의 곁에 물리적으로 가까이 있는 것만으로도 적적함을 덜어드리고 싶었다.

그러나 처음의 애달픈 다짐과 달리, 시간이 갈수록 매주 한 번 요양원으로 아빠를 보러 가는 일이 고역스럽게 느껴졌다. 15년간 격주 주말마다 빠짐없이 시부모님을 보러 가는 일보다 때로는 더 부담스러웠다. 돌이켜보면 아빠와 대화를 많이 나누면서 살갑게 지낸 사이도 아니었다. 결혼 후, 한두 달에 한 번 정도 외식을 같이 할 때도 주로 형식적인 대화를 나누었던 것 같다. 그랬던 것이 환경의 변화로 최소 일주일에 한 번, 한두 시간은 대화를 나누어야만 했는데 아빠의 발음이 어눌해서 절반 정도는 알아들은 척 연기를 해야 했다. 심지어 일주일에 한 번씩 꼬박 찾아가도, "아빠, 내가 마지막으로 여기 언제 왔는지 기억하세요?"라고 물으면 항상 돌아오는 대답은 "한 달 전"이었다. 울컥해서 그럴 거면 차라리 한 달에 한 번 와야겠다 싶었던 적도 있었다. 시부모님 집에 가는 것이 '며느리의 의무감' 때문이었다면 친정아버지의 요양원에 가는 것은 '자식의 죄책감'이라는 무거운 감정이 움직였다. 나는 일부러 화분을 두어 개 사서 아빠 방에 놔두었는데, 그것은 물론 아빠의 기분을 조금이라도 덜 울적하게 하려는 시도였지만, 일주일에 한 번 물을 줘야 하는 화분들 덕분에 내가 요양원에 가야 한다는, 설득력 있는 이유를 만들기 위함이었다. 그와 더불어 요양원에 근무하시는 분들의 눈치를 보고 있는 스스로를 발견하기도 했다. 마치 '나는 아빠를 버린 야박한 자식이 아니에요'를 증명이라도 해야 할 것처럼. 아빠 요양원 방문에서 어쩌면 가장 좋았던 순간은 귀갓길이었던 것 같다. 숙제를 마치고 나오는 길이라 속이 후련했기 때문이다.

요양원 방문이 보다 구체적으로 고통을 안겨준 다른 이유도 있었다. 시작은 아빠의 방이 있는 층을 전담하는 간호부장이었다. 아빠를 보러 오면 바로 그녀가, 아빠 방에 따라 들어왔다.

"아, 따님 오셨네."

그렇게 말하고 나서는 바로 세상 지친 표정으로 '그간 우리 어르신이 이러저러해서 우리가 너무 힘들었다'고 줄줄이 불평을 늘어놓았다. 바로 앞에서 그 얘기를 들어야 했던 아빠는 수치심으로 시선을 다른 쪽에 두어야 했고, 나도 죄지은 사람처럼 꼼짝없이 듣고 있어야 했다. 행여 그런 사건 소재가 없는 날에도 다른 방의 어르신이나 보호자가 자신들을 힘들게 한 얘기를 한바탕 늘어놓은 다음에야 겨우 방을 나갔다. 그리고 나가기 전에 굳은 표정으로 내게 간식이나 식사 수발, 지병약 복용과 양치 등 뭐라도 꼭 일을 한두 가지 시켰다. 처음에는 아빠와 보다 적극적으로 스킨십을 나누라는 깊은 배려의 뜻이 숨어 있나 하고 어리둥절했지만 툭 자리에 놓고 간 식후 복용약에 대해 물으려고 다시 간호사실로 찾아가자 그녀는 "아니, 그것도 몰라요?"라며 퉁명스럽게 핀잔을 주었다. 그것도 모르는 나는 얼굴이 화끈거렸다.

혼란스러운 불쾌감을 떠안게 된 나는 그 간호부장이 휴무인 날을 파악해서 근무 날을 피해 방문하고 싶었다. 한편으로는 일이 정말로 너무 많아서 가족들이 오면 조금이라도 일을 분담해주길 바랐던 것일까 하고 생각했다. 그 층에서 일하는 간호사와 요양보호사의 관리자로서 보호자들이 필요 이상의 일을 요구하지 못하도록 사전에 봉쇄하려는 처사가 아닐까, 오죽 진상 보호자들이 많으면 저토록 방어적이고 가시 돋친 행동을 해야 할까, 조금이라도 입장을 바꿔 이해해보고 싶었다. 그런 노력이라도 하지 않으면 인간에 대한 환멸감에 미쳐버릴 것만 같았다. 그 상황을 소화시키기 전에 그 간호부장은 얼마 후 어떤 이유에선지 권고사직을 받아 어딘가로 사라지고 말았다.

한 요양보호사가 있었다. 아빠 면회를 마치고 가려고 하면 꼭 나를 불러 세워 이렇게 말했다.

"아, 벌써 가시려고요? 저녁밥 좀 먹여드리고 가시지."

안 와도 죄지은 기분이었지만, 왔다 해도 너무 짧게 있다 가는 것만 같아 죄를 지은 기분이 들었다. 한번은 인사하고 지나가려는데 "이따 다시 오시나요?"라고 거듭 물었다.

"아뇨. 왜요?" 혹시 내가 모르는 무슨 일이 있나 싶어 물었더니 "아니…… 딸이 아빠가 너무 보고 싶으면 다시 올 수도 있지…… 여기 그런 보호자분들 많아요"라며 눈을 굴렸다.

사실 그분과의 첫 대면은 잊으려야 잊을 수가 없다. 아빠가 혼자 쓰는 방에는 전용 화장실이 있었는데 그 주에 연이어 몇 번이나 변기가 막혔던 모양이다. 엘리베이터에서 내려 아빠 방으로 걸어가는데, 그 요양보호사가 나를 불러 세우더니 다짜고짜 아빠 방의 화장실 변기가 막혀서 자기들이 그걸 파내느라 너무 고생했다며 성을 냈다. 그러고선 '어르신이 얼마나 크고 딱딱하게 볼일을 봤는지 직접 봐야 한다'며 몸을 휙 돌려 어딘가로 사라지더니 쓰레기통에 넣어두었던 둘둘 싸맨 신문지 뭉치를 들고 다시 내 앞에 나타났다. 그러고선 그 종이 뭉치를 풀어헤쳐 오물을 내 얼굴 가까이에 들이밀었다. 내 낯빛을 보고 그제야 직성이 풀렸는지 그가 개운한 표정을 지었다. 고개 숙여 사과하고 평소대로 아빠를 만나고 집에 돌아와서야 참았던 울음을 터트렸다. 장대비가 내리던 어느 일요일 오후, 고열에 폐렴

증상이 의심되어 사설 구급차를 불러 아빠를 병원 응급실로 모시고 가야 했을 때, 그분에게 입원 가능성을 얘기하며 혹시 아빠 물건 중에 챙겨 가야 할 것이 있겠냐고 조언을 구했더니 세숫대야와 양치 컵만 딸랑 가져와서 무표정하게 나를 쳐다보던 모습을 기억한다.

가슴 졸이며 병원 응급실에서 하염없이 검사 결과를 기다렸는데, 다행히 수액을 맞으면서 열도 내리고 검사 결과도 별 이상이 없다 하여 밤 10시쯤 귀가 조치되었다. 요양원에 전화해 방금 검사와 치료가 다 끝나서 다시 요양원에 모셔다 드리려고 한다고 했더니 당직 요양보호사는 대뜸 귀찮은 목소리로 오늘 돌아오시기에는 너무 늦었다며, 그러다가 또 한밤중에 열이 오르면 어쩌느냐, 이제는 요양원으로 돌아올 게 아니라 바로 요양병원으로 모셔야 하는 것 아니냐고 했다. 지금? 이 밤에 당장? 일요일에? 밖에는 아까보다 더 굵은 빗방울이 요란하게 내리고 있었다. 심호흡을 하고 겨우 사정을 해서 요양원 방에 돌아갈 수 있게 되었다. 사설 구급차를 타고 그곳에 도착하니 어느새 밤 11시. 구급대원 두 사람과 함께 아빠를 들것에 태우고 굳게 닫힌 대문을 끼익 열고 컴컴한 요양원 실내의 불을 하나둘씩 켜고 올라갔다. 세 명의 당직자가 낮은 조명만 켠 채 대기하고 있었다. 나는 잘못을 저지르고 선생님께 야단맞으러 교무실에 가는 기분으로 무겁게 발걸음을 옮겼다. 구급대원들을 따라 아빠 방 침대까지 같이 들어가려고 했는데 처음 보는 요양보호사 한 분이 내 앞을 딱 가로막고 섰다. 심장이 철렁 내려앉았다. 이제 또 무슨 말을 들어야 할까.

"따님, 여기서부턴 우리가 할게요. 늦었는데 어서 들어가 쉬어요."

단발머리의 검정 테 안경을 쓴 그녀가 차분하면서도 단호한 표정으로 다시 엘리베이터 쪽으로 돌아가게끔 내 등을 떠밀었다. 그녀의 말을 듣지 않으면 안 될 분위기로.

"그래도 완전히 주무시는 것까진 보고······."

"아이고, 괜찮아, 괜찮아요. 우리가 다 알아서 할 테니 걱정 말고 어서 가요."

이번에는 안심시키려는 듯이 그녀가 함박 미소를 지어주었다. 이곳에서 누군가의 미소를 본 것이 너무나 오랜만인 듯해 순간 온몸의 긴장이 풀려 그대로 바닥에 주저앉을 것만 같았다.

"보호사님, 실은……."

"왜, 뭐요?"

그녀가 내 어깨를 감싸 안고 토닥이며 물었다.

"아까 병원 응급실에서 수액을 오랜 시간 맞으실 때 제가 아빠 기저귀를 미처 신경 못 썼어요. 응급실 베드에서 들것으로 옮기는데 보니까 베드 시트에 소변 자국이 묻어 있더라고요. 지금 아빠 바지 상태가 말이 아닐 텐데……."

얼굴을 똑바로 쳐다보지도 못하고 웅얼웅얼 보호자로서 나의 실격점을 고백했다. 그랬더니 그녀는 아예 내 말을 중간에 끊어버리고 말았다.

"아유, 뭘 그런 걸 가지고. 아무 걱정 마요. 우리가 다~ 알아서 한다니까. 걱정 말고 우리한테 맡겨요. 여기서부턴 우리 일이야. 오늘 병원 다녀오느라고 우리 따님 정말 고생 많았어요."

엘리베이터 안으로 나를 밀어 넣으면서 그녀가 또 한번 호쾌한 웃음을 지었고 엘리베이터 문이 닫히기 전, 어두컴컴한 복도를 배경으로 내게 윙크를 날렸다. 요양원 밖으로 나와 다시 우산을 펼치는데 쏟아지는 빗

속에서 급기야 참았던 눈물이 한꺼번에 터져 나왔다. 북받쳐 오른 감정에 못 이겨 그 자리에 서서 한참을 꺼이꺼이 울었다. 나는 여전히 대다수 돌봄노동자들의 선의를 믿고 있다. 그리고 "저 지난번에 언제 왔었는지 기억나세요?"라고 물었을 때 "한 달 전에 온 것 같다"고 아빠가 말한 것을 이제는 '막내딸이 보고 싶어서 그만큼 공백을 길게 느꼈다'로 해석한다.

아름다움이 중요한 사람

> Nonshockable rhythm으로 CPR 27분 지속한 후 ROSC되었으며 원인은 asphyxia 및 secondary aspiration pneumonia로 추정

응급의학과 전문의의 소견서에 적혀 있던 문장이다. 심장이 멈추면 피가 뇌로 가는 것을 멈추게 되고, 심정지 4분 시점부터 뇌세포 손상이 시작된다. 불과 심정지 상태 몇 분의 차이로 장애, 식물인간, 뇌사 혹은 사망 여부가 결정지어진다. 아빠는 대학병원 응급실에 실려 가

서 27분간의 심폐소생술을 받았다. 마음의 준비를 해야 할 거라는 의료진의 언질을 들었지만 아빠는 다시 살아 돌아오셨다. 다만 다른 형태의 몸으로. 그 후 식물인간 상태로 폐렴을 몇 차례 반복해서 앓았고 그 과정에서 대학병원의 중환자실과 일반 병실, 요양병원의 집중치료실, 또 다른 대학병원의 응급실과 격리병동을 오가게 되었다. 몸의 구멍에 연결시키는 줄이 늘었다가 줄어들기를 오락가락 반복했다. 나는 처음 심정지를 일으켜서 대학병원 응급실에서 심폐소생술을 받았을 때 돌아가셨더라면 차라리 아빠를 위해서 낫지 않았을까 생각했던 적이 있다. 이 말이 자식이 해서는 안 되는 불경스러운 말이고, 직업적 사명감을 가지고 힘들게 심폐소생술을 실시해준 응급실 의사 선생님들께 죄송한 얘기라는 것은 잘 알고 있다.

흔히들 식물인간 상태로 장기간 생존할 경우 보호자들의 경제적, 육체적 고통이 커서 '긴 병에 효자 없다'라거나, 삶이 아무런 기쁨이나 희망을 주지 못하면서 신체적 고통만 감내해야 해서 '당사자가 제일 고생이다'라는 의미로 그런 생각을 했던 것은 아니었다. 그저 내가 아는 아빠라는 사람에게는 이렇게 황폐한 상태로 누워 있는 것이 참 어울리지 않는다고 생각했다. 이때까지 한평생 병원에 입원했던 적도 없고 수술을 받아본 적도 없는 그는 근본이 쾌락주의자였다. 그는 골치 아프고 진지하고 노력하는 것을 싫어했고 즐겁고 유유자적하고 아름다운 것들을 좋아했다. 야생화 사진을 찍고 화가처럼 유화를 그렸으며, 오페라에 심취하며, 아름다운 여자와 맛있는 와인을 사랑했다. 태어나서 단 한 번도 청바지를 입어본 적이 없으며, 내가 기억하는 한 흐트러진 옷매무새를 한 적도 없었다. 아빠는 아름다움이 중요한 사람이었다.

요양원 아빠 방의 옷장 안에는 편한 실내복이 아닌 아빠가 가진 최고의 옷들이 수납되어 있었다. 양질의 소재로 만든 색감 좋은 재킷과 셔츠, 조끼와 카디건과 트위드 헌팅캡. 한 요양보호사는 왜 그렇게 불편한 옷만 가져왔느냐고 투덜댔지만 아빠에게는 언제 어디서나 말끔하게 잘 차려입는 것이 자연스러운 일이었다. 노화된 건조한 피부의 각질이 재킷 위로 우수수 떨어진 걸 보면 아빠가 눈치채지 않게 나는 그것들을 털어냈다. 아빠는 요양원 대강당에서 개최되는 트로트 가요나 민속놀이 위문 공연에 참여하지 않고 혼자 당신 방에 있었다고 들었다. 다른 어르신들과 빙 둘러앉아 하는 단체 활동 같은 것도 잘 참가하지 않았단다. 전혀 호기심이나 기쁨을 느끼지 못한 탓이리라. 한평생 외교관으로 살면서 세상 구경을 다 해보았기에 웬만한 공연은 시시했던 것일까. 취미로 서양화를 그렸던 분이라 어린이집에서 할 법한 종이접기를 할 기분이 들지 않았던 것일까. 곱상한 외모가 상황을 더 부추겨 간호사와 요양보호사들은 아빠를 특실 왕자님이라고 은근히 놀리기까지 했다.

그러나 내가 아는 아빠는 그저 본래 타고나기를 집단으로 뭔가를 하는 것을 좋아하지 않을 뿐이었다. 원래 친구가 많은 타입도 아니었고. 바깥이 소란한 동안, 자기 방에 혼자 우두커니 앉아 있거나 누워 있던 모습은 내 뇌리 속에 선명하게 각인되어 있다. 아빠는 분명 눈을 뜨고 있었지만 그 어디도 구체적으로 보고 있지 않았다. 어딘가 다른 장소로 스스로를 데려간 듯한, 잠시 이 현실을 벗어난 꿈을 꾸는 눈빛이었다. 그러나 자신의 상황이 더 나아질 일은 없다는 것을 알던 아빠의 표정에서도 때로는 생기가 돌았다. 요양원 앞 공원 산책을 모시고 나갔다가 돌아왔을 때, 1층 원무과의 젊고 예쁜 여자 간호사에게 말을 붙일 때였다. 말도 어눌해서 간호사는 잘 알아듣지도 못했는데 아빠는 굴하지 않고 몇 번이고 위트 있는 인사를 건네려고 필사적이었다. 힘겨워도 그 일은 분명 아빠에게 기쁨을 주는 일이었기에 나는 옆에서 아빠의 플러팅이 끝나기를 잠자코 기다렸다. 아빠는 외피는 노인이었지만 노인다움을 거부했고, 아빠였지만 평생 아빠다움도 없었다. 자식이나 손자들이 찾아온다고 막 좋아하고 삶의 의미를 찾는 사람이 아닌 것이다. 나는 가끔, 엄마만큼은 예외로 두고, 아빠가 자기 자신 외에 다른 누군가에게 깊은 관심을 단 한 번이라도 가져본 적이 있었을까 의심했다. 아빠는 대체적으로 '자신의' 인생을 살았고 아빠는…… 그냥 아빠라는 한 남자였다. 그것을 잘 아는 이유는 그 누구도 아닌 내가 그의 그런 부분을 빼닮았기 때문이리라.

아빠가 의식을 잃기 불과 두어 달 전, 5월 8일 어버이

날이었다. 거동이 불편한 아빠를 어디로 모시고 가서 점심 식사를 할까를 고민하다가 요양원에서 택시로 10분 거리에 있는 한 5성급 호텔의 이탈리안 식당으로 결정했다. 우선 음식이 맛있고, 소란스럽지 않고, 답답하지 않아야 했다. 거동이 여의치 않은 노인도 예우를 갖추고 맞이해주어 아빠가 조금이라도 불쾌한 대우를 받으면 안 되었고, 만에 하나 무슨 일이 생겨도 큰 규모의 호텔이라면 어쩐지 안심이었다. 오전 11시를 조금 넘겨 요양원으로 모시러 가니 아빠는 아주 맵시 있는 옷차림에 머리도 가지런히 빗질을 한 상태로 나를 기다리고 있었다. 네이비색 카디건 가슴에는 살구색 카네이션 한 송이가 핀으로 꽂혀 있었다. 요양보호사님들이 특별 외출을 한다고 신경을 많이 써주신 것이다. 원래도 몹시 잘생겼지만 그날 아빠는 유난히 더 잘생겨 보였다.

일부러 호텔 레스토랑 내부가 아닌 바깥 테라스에 자리를 잡았다. 천장이 드높고 탁 트인 호텔 로비 전경과 오가는 사람들을 구경하면서 식사하면 더 좋을 것 같았다. 테라스 자리에는 우리 부녀만 있어서 다른 손님들의 시선을 신경 쓸 필요도 없었다. 이탈리안 식당 직원들이 카네이션을 곱게 달고 온 아빠를 흐뭇한 표정으로 바라보며 세심하게 신경 써주는 가운데 그는 부드러운 안심스테이크와 프로슈토피자를 천천히 음미하며 먹었다. 수전증은 어쩔 수 없었지만 놓여 있는 포크와 나이프를 솜씨 있게 사용하며 우아한 신사처럼 식사 매너를 지켰다.

이따금 아빠가 바닥에 흘린 음식 조각을 줍거나 아빠의 얼굴에 묻은 것들을 떼어내러 내가 맞은편 자리에서 일어나야 했지만, 생명을 보존하기 위한 식사가 아닌, 미식이라는 쾌락을 만끽하기 위한 식사였으니 아빠는 식사 내내 즐거워 보였다. 오랜만에 본래의 자기 모습을 찾은 듯한 흡족한 표정에 내 마음은 어쩐지 기쁘다가도 쓰라렸다. 그래도 어버이날을 맞아 금전적으로 조금 무리해서라도 작정하고 좋은 곳으로 모시고 오길 참 잘했다 싶었다. 다만 그날이 아빠의 마지막 외출다운 외출일 수도 있다는 것을 그때는 왜 알아차리지 못했을까. 두 시간에 걸쳐 식사가 끝나고도 호텔 특유의 화사한 분위기가 마음에 드셨는지 아빠는 어린아이처럼 조금만 더 있다 가자고 몇 번이고 보챘는데 나는 결국 10분 이상을 참지 못하고 야멸치게 자리를 정리해버리고 말았다. 신데렐라의 마차가 어느덧 시간이 다 되어 호박으로 변한 것처럼, 아빠를 다시 요양원 방까지 모셔다 드리고 나오는 내 심정은 갓난아기를 버리고 나오는 어미 같았다.

그런 아빠를 가만히 지켜보면서 그가 가급적 고통 없이 돌아가시면 좋겠다고 생각했다. 그런 의미에서 심폐소생술 처치 후 식물인간 상태라면 고통을 자각하는 부분이 적거나 없을 터이니 아빠한테는 차라리 낫지 않을까라는 자의적인 — 그리고 또다시 불경스러운 — 생각도 해보았다. 몸이 아픈 것도 고통이지만 쓸쓸함과 절망감, 세상으로부터의 소외감, 하나의 인격으로 존중받지 못하는 정신적인 고통이야말로, 우울한 기분을 잘 견디지 못하는(그래서 알코올에 많이 의존했던) 아빠에게는 너무도 가혹할 터였다.

이 세상에 행복한 죽음의 방식이라는 것이 있을까? 혹은 덜 나쁜 죽음의 방식? 누구는 뇌 손상으로 식물인간 상태이되 신체 기능엔 이상이 없어 몇십 년을 누워

지내는 것이 최악의 전개라고 했다. 또 누구는 그와 반대로 의식은 또렷한데 신체 기능이 망가져서 독립생활이 불가능해진 것을 최악의 상황으로 꼽는다. 목숨은 부지했다 해도 생로병사의 '병'과 '사'의 과정을 다시 처음부터 시작해야 한다면, 그것을 다행이라 할 수 있을까? 흔히들 건강한 몸으로 장수하고 어제까지 쌩쌩하다가 오늘 갑자기 돌연사로 세상을 뜨는 것이 이상적인 죽음의 방식이라고들 한다. 하지만 통계적으로 그렇게 죽는 사람들은 극히 일부분이고, '이렇게 살고 싶다'라고 해서 그렇게 살 수 없는 것처럼 '이렇게 죽고 싶다'고 해서 그렇게 죽을 수 있는 사람은 아무도 없다. 병원 침대에서 몸에 줄을 주렁주렁 달고 버티는 일은, 그 누구도 좋아하지 않지만 그것이 운명이라면 어쩔 수가 없는 것. 그의 미학적 감수성으로는 이런 죽음의 방식은 안 어울리네 어쩌네 말해본들 아빠가 마지막에 어떠한 운명을 짊어질지 그 누가 알겠는가.

*

아빠는 2018년 8월 8일 오전 4시 20분에 숨을 거두

셨다. 심정지로 쓰러져 식물인간 상태로 누워 있은 지 딱 한 달 만의 일이었다. 마치 더 이상 이런 모습으로 살아가는 건 도저히 당신의 자존심이 용납 못 하겠다는 듯이 그토록 홀연히. 아빠는 다음 생에, 나의 아빠 말고 나의 아들로 태어나는 것이 아무래도 좋겠다. 당신은 어리광이 많은 성격이었고, 사랑을 많이 필요로 했던 사람이니까. 곧 만나요, 아빠.

나가는 글
— 작가는 자신의 대표작을 고를 수 없다

2020년 1월, 런던으로 향하던 영국항공 비행기 안에서였다.

저녁 식사 서빙이 끝나자 기내 조명이 꺼지고 승객들은 하나둘 담요를 덮고 잠을 청하기 시작했는데 내 자리에서 사선으로 보이는 앞좌석 승객이 개인 조명을 켜고 책을 꺼내 펼쳤다. 아무래도 직업상 무슨 책인가 궁금해질 수밖에 없는데 하필이면 그 책이 《태도에 관하여》였다. 정말이지 깜짝 놀랐다. 서점이나 카페에서 내 책을 손에 쥔 독자들은 종종 본 적이 있지만 같은 비행기 앞자리라니! 그때만큼 이 책이 독자들의 사랑을 많이 받았음을 실감한 적이 없었다.

그간 펴낸 스물네 권의 책 가운데 《태도에 관하여》는 가장 많이 그리고 꾸준히 사랑을 받은 책으로, 나의 대표작으로 불린다. 작가는 불행히도 자신의 대표작을 고를 수 없는데 그것은 대표작이 주로 '가장 많이 팔린 책'을 의미하기 때문이다. 나는 오랜 시간 동안 왜 이 책이 그토록 변함없이 사랑받아왔는지 솔직히 이해하지 못했다. 책을 계약하게 된 경위도 무척 우발적이었고, 계약할 때 원래 쓰기로 한 내용과 전혀 다른 것을 쓰기도 했고, 다른 책들에 비해 상대적으로 쉽게 썼기 때문이다. 그래서 얄궂게도 '대표작'이라는 단어 대신 '고마운 책'이라 부르며 '얻어걸린' 행운쯤으로 치부했다. 한데 어느 날 우연한 계기로 이 책을 다시 펼쳐 읽었는데(저자는 보통 자신의 책을 다시 읽지 않는다), 내가 쉽게 술술 썼다고 저평가한 것은 실은 내가 평소에 체화시키며 살아가던, 신념에 가까운 생각들이라 보다 편하고 자연스럽게 써서 그랬다는 것을 알게 되었다.

이 새삼스러운 깨달음은 책을 향한 새로운 애정과 관심으로 바뀌었다. 처음 《태도에 관하여》가 2015년에 출간되었으니 이제 곧 출간 10주년. 이미 받아온 사랑에 안주하지 않고 이참에 제대로 다듬고 매만져야 할 필요성을 느꼈다. 내 생각이 바뀌거나 동시대에 걸맞지 않는 내용을 삭제하고 10개의 새 글을 보탰다. 그렇다고 완벽한 책이 되었다는 것은 아니지만 마침내 이 책을 '완결'했다는 감각은 있다. 친구가 나를 두고 '너는 완벽주의자는 결코 아니다. 차라리 완성주의자에 가깝다'라는 말을 해준 적이 있는데 맞는 말이다. 나는 완벽해질 때까지 붙들고 있기보다 적절한 시점에 마무리를 짓고 다음의 장소로 잘 흘러가고 싶다.

그렇다 해도, 《태도에 관하여》를 애초에 쓸 수 있었던 것은 정말이지 행운이었다. 내가 인생에서 가장 의미 있다고 여기는 가치들을 되새기는 일은 세상의 기준에서 어떤 완벽함을 지향하는 것이 아닌, 가장 본연의 자연스러운 모습으로 가고자 하는 시도에 맞닿아 있었다.

긴 시간에 걸쳐 《태도에 관하여》를 아껴주신 여러분들께 진심으로 고마움을 전한다. 오늘도 부디 환하게 웃으며 살아가시기를.

    임경선 올림

태도에 관하여

©임경선, 2024

초판 1쇄 발행　2015년 3월 30일
개정판 1쇄 발행　2018년 10월 29일
완결판 1쇄 발행　2024년 9월 25일
완결판 15쇄 발행　2025년 12월 17일

지은이　임경선
펴낸곳　토스트
편집　김정희 김준섭
디자인　이기준
제작　영신사

출판등록　2021년 1월 7일 제2021-000002호
이메일　slowgoodbye@naver.com

ISBN　979-11-988861-0-1 03810

- 책값은 뒤표지에 있습니다.
- 잘못 만들어진 책은 구입하신 서점에서 교환해 드립니다.